Der Erbschein

nach dem Bürgerlichen Gesetzbuche

für das Deutsche Reich.

Von

Wilhelm Eßlinger

Dr. jur. et rer. pol.

München 1902.

J. Schweitzer Verlag (Arthur Sellier).

Meinen lieben Eltern.

Inhaltsübersicht.

Abkürzungen.

Nur mit den Namen der Verfasser sind zitiert:

Hillenkamp, Zur Lehre vom Erbschein, Göttinger Inauguraldissertation 1889.

Ewoldt, Die Bedeutung des Erbscheines nach preußischem Rechte und nach dem Bürgerlichen Gesetzbuche, Marburger Inauguraldissertation 1897.

Rehs, Der Erbschein, insbesondere seine rechtliche Bedeutung, Greifswalder Inauguraldissertation 1901.

Endemann, Lehrbuch des bürgerlichen Rechts (6. Aufl.).

Cosack, Lehrbuch des bürgerlichen Rechts.

Strohal, Das deutsche Erbrecht (2. Aufl.).

Weißler, Das deutsche Nachlaßverfahren.

Die Kommentare zum Erbrecht des B.G.B. von Planck, Wilke und Frommhold.

Die Abhandlungen über den Erbschein von Voß in den Beiträgen zur Erläuterung des deutschen Rechts Bd. 43 (1899) S. 655 ff., von Eichhorn ebenda Bd. 45 (1901) S. 224 ff., von Krafft in den Blättern für Rechtsanwendung, Jahrgang 64 S. 269 ff. u. S. 288 ff.

Im übrigen werden die in den Anmerkungen gebrauchten Abkürzungen keiner Erläuterung bedürfen.

Der Plancksche Kommentar kam erst nach Abschluß des Manuskriptes zum Erbschein, ist jedoch nachträglich berücksichtigt worden.

§ 1.

Geschichte des Erbbescheinigungsverfahrens.

Mit dem Tode einer Person geht deren Vermögen als Ganzes auf den Erben über. Dieser Satz steht an der Spitze des Erbrechtes unseres Bürgerlichen Gesetzbuches. Der Erbe tritt unmittelbar kraft Rechtssatzes in die durch den Tod des Erblassers entstandene Lücke ein. Er erwirbt die Erbschaft ohne sein Hinzuthun; das B.G.B. verlangt im Anschluß an das deutsche Recht von keinem Erben eine Antretung der Erbschaft, wie sie nach römischem Recht der heres extraneus vorzunehmen hatte. Es bedarf aber auch — und hierin stimmen römisches und germanisches Recht überein — zum Erwerbe der Erbschaft keines obrigkeitlichen Aktes.

Trotzdem kann gelegentlich des Erbganges ein Eingreifen der Staatsgewalt in die Privatrechtssphäre geboten erscheinen. Denn die Erbfolge bringt eine gewisse Rechtsunsicherheit mit sich. Vor allem läßt sich regelmäßig nicht sofort mit voller Sicherheit erkennen, wer der Erbe geworden ist. Aus dieser Ungewißheit der privatrechtlichen Verhältnisse ergibt sich das Bedürfnis nach einem behördlichen Eingreifen, dessen Art und Maß je nach den Anschauungen der Zeiten und Völker verschieden sich gestaltet.

Im römischen Rechte beschränkte sich die amtliche Thätigkeit neben der in gewissen Fällen zulässigen Ernennung von Nachlaßkuratoren im wesentlichen auf die possessorischen Rechtsmittel[1]).

[1]) Windscheid §§ 617, 618, 619, 626.

Sie erfolgte also unter dem Gesichtspunkte eines Rechtsstreites über das Erbrecht. „Im judicium possessorium über die Interdikte handelt es sich nur um die prozessualische Frage: welche Partei ist Besitzer und deshalb Beklagter in judicio petitorio[1]).“

Die römischen Interdikte wurden schon bald nach der Reception zu dem einheitlichen Institute des „Einsatzes“ verschmolzen[2]). Dabei entwickelte sich aus dem possessorischen Schutze allmählich ein amtliches Nachlaßverfahren, welches nicht mehr der streitigen, sondern der freiwilligen Gerichtsbarkeit angehörte.

Begünstigt wurde diese Entwickelung zunächst von dem germanischen Gedanken der Publicität des Grunderwerbs, wie auch die schließliche Ausbildung des Erbscheins im Anschluß an das Recht der Grundstücke erfolgte. Schon vor der Reception war es vielfach üblich gewesen, daß der Erbe, wenn er nicht zu den Hausgenossen des Verstorbenen gehört hatte, feierlich auf dem Gute aufzog und sich vom Richter in die Gewere förmlich einweisen ließ, die er rechtlich schon durch den Erbfall erlangt hatte[3]).

Die weitere Ausbildung der Rechtspflege in Nachlaßsachen hängt einerseits mit der Einfachheit der deutschen Gerichtsorganisation, andererseits mit der mehr und mehr sich ausbildenden vormundschaftlichen Fürsorgethätigkeit der Gerichte zusammen[4]). Immer zahlreicher wurden die Fälle,

[1]) Köppen, Lehrbuch des heutigen röm. Erbrechts, § 1 Note 6.

[2]) Hillenkamp S. 15 ff.

[3]) Heusler, Institutionen des deutschen Privatrechts II, S. 562 ff., Stobbe, Band V S. 26, Hillenkamp S. 12 und die dort Citierten.

[4]) Unger, Verlassenschaftsabhandlung S 21 f.; Österley, Versuche aus dem Gebiete der sog. freiwilligen Gerichtsbarkeit (Hannover 1830) S. 31 f., 34, 54. — Im Einzelnen ist die Entwickelung der freiwilligen Gerichtsbarkeit noch wenig erforscht, und heute noch trifft zu, was Österley a. a. O. S. 78 sagt: „Im ganzen kann es nicht verkannt werden, daß der Zustand unserer jetzigen Literatur zu keinen erfreulichen Betrachtungen veranlaßt.“

in denen zur Sicherung des Nachlasses oder auch eines etwaigen Erbrechts des Fiskus von Amtswegen zur Beschlagnahme der Hinterlassenschaft geschritten wurde, sei es wegen Abwesenheit oder Minderjährigkeit oder Ungewißheit der Erben[1]). War aber einmal der Nachlaß in Beschlag genommen, so ergab sich von selbst die Notwendigkeit, den Erben zu ermitteln und ihn in den Besitz einzuweisen. Der Überantwortung der Erbschaft mußte eine amtliche Feststellung des Erbrechts vorausgehen, da ja die Behörde durch Einweisung eines falschen Erben dem wahren Erben haftbar werden konnte[2]).

Auf dieser Entwickelungsstufe ist das gemeine Recht verharrt. Sein Standpunkt läßt sich kurz charakterisieren wie folgt: Grundsätzliche Regel ist die außergerichtliche Behandlung der Verlassenschaft; allein in weitem Umfange ist die gerichtliche Obsignation geboten und sie zieht stets die gerichtliche Nachlaßbehandlung nach sich[3]).

Weiter ging das österreichische und im Anschluß an dieses das bayerische und württembergische Recht[4]). Hier bildete sich im Laufe des 17. und 18. Jahrhunderts ein streng geschlossenes, stets von Amtswegen einzuleitendes Ver-

---

[1]) Interessant ist die Bemerkung von W. H. Puchta, Handbuch des gerichtlichen Verfahrens in nicht streitigen bürgerlichen Rechtssachen (Erlangen 1821, T. II S. 305): „Die Gerichte pflegen überhaupt hier nicht säumig zu seyn, zumal wenn ihnen die Sporteln gehören oder wenigstens Diäten und Kommisionsgebühren zu verdienen sind."

[2]) Vgl. Graf Chorinsky, Das Notariat und die Verlassenschaftsabhandlung in Österreich, Wien 1877, S. 27 ff.

[3]) Begründung des Bayer. Entwurfs eines Gesetzes, das Nachlaßwesen betreffend, S. 7 (Verh. d. K. d. A. II. Session 1901. Beilage 577).

[4]) Über das österreichische Recht vgl. Unger, Die Verlassenschaftsabhandlung in Österreich. Ein Votum für deren Aufhebung, Wien 1862, ferner das oben Anm. 2 bez. Buch von Chorinsky; über das bayer. Recht: Roth, Bayer. Civilrecht III S. 775 ff. — Über das württembergische Recht: von Wächter, Württ. Privatrecht, S. 439 und 1054 ff., Probst im Arch. f. civ. Prax. Bd. 75 (1889) S. 1 ff.

fahren aus: die Verlassenschaftsabhandlung. Sobald eine Person gestorben ist, schreitet das Gericht von Amtswegen ein, „sperrt“ den Nachlaß, ermittelt die Erben und veranlaßt dieselben zur Erklärung über Annahme oder Ausschlagung der Erbschaft, stellt die Nachlaßschulden fest, sorgt für Befriedigung der Gläubiger, namentlich auch für Erlegung der Erbschaftssteuer, und vermittelt die Auseinandersetzung der Miterben; erst wenn alles dies erledigt ist, wird den Erben der Rest des Rücklasses überwiesen[1]).

In Preußen wurde zu gerichtlicher Beschlagnahme, Ab-

---

[1]) Zu dieser Entwickelung trug auf dem platten Lande das Besthaupts- bezw. Todfallsrecht des Grundherrn bei. Der Grundherr, welchem ja auch die Gerichtsbarkeit zustand, war dadurch an der Sperre und Inventur direkt interessiert (Chorinsky S. 35 ff.). In ähnlicher Weise war bei Erbfällen in den oberen Ständen, insbesondere in den Städten das Interesse der verschiedenen konkurrierenden Behörden wirksam, möglichst rasch durch Anlegen ihrer Siegel ihre Zuständigkeit und damit ihr Recht auf die Abgaben zu dokumentieren. Jedoch werden diese fiskalischen Motive doch wohl von Chorinsky allzusehr in den Vordergrund gestellt. In erster Linie scheint mir überall die Absicht der Fürsorge gestanden zu haben. Auch im Nordosten Deutschlands kam die Gerichtsbarkeit auf dem platten Lande den Gutsherren zu, die nicht weniger auf die Wahrung ihrer Interessen bedacht waren als die österr. und südd. Grundherrschaften. Daß es nur in den letztgenannten Gebieten zur obligatorischen Verlassenschaftsverhandlung kam, scheint mir darin seinen Grund gehabt zu haben, daß der im 17. und 18. Jahrhundert allenthalben verbreitete Hang zu bevormundender Vielregiererei in den genannten Ländern noch weit stärker war als im übrigen Deutschland. Charakteristisch in dieser Beziehung ist folgende Erwiderung des Suarez auf den gelegentlich der Revision des Entwurfes zum Landrecht von der Regierung zu Stettin gemachten Vorschlag, ein geschlossenes Nachlaßverfahren einzuführen: „Ich finde dieses Prinzip äußerst bedenklich, der bürgerlichen Freiheit nachteilig und wegen der daraus entstehenden, in den meisten Fällen ganz unnützen Kosten für die Unterthanen des Staates drückend.“ (Bornemann, Preuß. Civilrecht, 2. Ausg. VI § 416.)

In diesen Worten ist die Kritik, welche Unger und Chorinsky an der in Österreich noch geltenden Verlassenschaftsabhandlung geübt haben, schon anticipiert.

handlung und Einweisung nur in den besonderen Fällen geschritten, in denen solche Gerichtsthätigkeit gemeinrechtlich war[1]). Den Zweck der Sicherung des Nachlaßbestandes und der Ansprüche des Fiskus gegen die Erben suchte man durch das weniger einschneidende Mittel obligatorischer gerichtlicher Inventur zu erreichen[2]).

Waren so allenthalben in Deutschland die Gerichte in mehr oder weniger weitgehender Weise mit der Nachlaßregulierung befaßt, so erklärt es sich leicht, daß andere Behörden, wenn es sich um erbrechtliche Verhältnisse handelte, die Nachlaßgerichte um amtliche Auskunft darüber angingen. Ebenso wurde es fast allenthalben für zulässig erachtet, auf Ansuchen des Erben diesem ein Zeugnis über sein Erbrecht nach vorgängiger Prüfung seiner Legitimation oder nach erfolgter Einweisung in die Erbschaft auszustellen[3]). Vielfach wurde die Vorlage eines solchen Zeugnisses von den Behörden geradezu verlangt.

---

[1]) Vgl. z. B. A.G.O. II 5 § 4 mit der Darstellung des gemeinrechtlichen Verfahrens in W. H. Puchta, a. a. O. II. T. S. 289 f.

[2]) Gerichts-Verfassung der Königl. Preuß. Residenzien v. 21. Jan. 1710 (Mylius, Corpus Constitutionum Marchiacarum, II, 1 Nr. 199) § 20: „Die Conscribirung der Inventarien muß von den Gerichten vorgenommen werden und stehet nicht bey dem Willen der Erben von Bürgern, oder Derjenigen so unter des Magistrats Jurisdiction gestanden, sondern solche Verlassenschaften sind von den Gerichten, wie schon hiebevor per rescriptum verordnet, zu inventiren, weil solches nicht allein zum Besten derer öffters dabey interessirenden Pupillen und Minderjährigen geschiehet, sondern auch das Interesse des Magistrats wegen des Abschosses, so die Richter wol zu observiren, darunter mit versiret: doch wird Niemanden benommen, daß Er einen Advocatum oder Notarium mit bey der Inventur adhibire.“

[3]) Vgl. Motive zum preuß. Gesetzentwurf, betr. gerichtl. Erbbescheinigungen. Drucks. d. preuß. Herrenhauses 1868/9 Nr. 7 S. 7 ff. — A.L.R. I Tit. 9 §§ 482–492. — A.G.O. I Tit. 5 § 4 — Gruchot, Preuß. Erbrecht I S. 218 ff.

Am wichtigsten für die Entwickelung dieser Erbschaftszeugnisse war die Bestimmung des § 72 der preußischen Hypothekenordnung von 1783, durch die zur Eintragung des Intestaterben im Hypothekenbuche ein Attest des Verlassenschaftsgerichts gefordert wurde[1]).

Einerseits zwang diese Vorschrift den Intestaterben, wenn er Geld auf ein Nachlaßgrundstück aufnehmen wollte, sich vor dem Richter über sein Erbrecht auszuweisen, und verschaffte so dem Legitimationsverfahren größere Ausdehnung. Andererseits wurde eine unmittelbare Verbindung zwischen dem Hypothekenbuchrecht und dem Erblegitimationsverfahren hergestellt, und diese Beziehung war für die Entwickelung des Rechts der Erbbescheinigungen von größter Bedeutung.

Den Erblegitimationsattesten kam ursprünglich nirgends eine besondere civilrechtliche Wirkung zu. Naturgemäß genügten sie in den meisten Fällen gegenüber Behörden wie Privaten zum Ausweise der Erbeneigenschaft. Allein wenn der im Atteste Bezeichnete nicht Erbe war, genossen Dritte, die sich im Vertrauen auf das gerichtliche Zeugnis mit ihm eingelassen hatten, keinen Schutz. Ein solcher entstand nur dann, wenn der Ausstellung des Attestes ein öffentliches Aufgebot der Erbprätendenten vorangegangen war, vermöge der allgemeinen Präklusionswirkungen. Ähnlich verhielt es sich auch ursprünglich mit den Wirkungen der Eintragungen in den öffentlichen Büchern. Auch sie verdankten ihre Bedeutung für das materielle Recht ursprünglich nur dem der Eintragung vorausgegangenen richterlichen Aufgebot. Das allmählich sich entwickelnde Princip des öffentlichen Glaubens der Hypotheken- und Grundbücher

---

[1]) Die früheren Gesetze über die Führung der öffentl. Bücher, z. B. die schles. Hypothekenordnung vom 4. Aug. 1750, die Hypothek- und Konkursordnung vom 4. Febr. 1722, das Edikt vom Erb- und Lagerbuch in den Residenzstädten Berlin, Cölln u. s. w. von 1693 enthalten keine besonderen Vorschriften über die Legitimation der Intestaterben.

kam nun auch den Erbbescheinigungen zu gute. Hier wie dort handelte es sich um gerichtliche Beurkundung von Rechtsverhältnissen nach eingehender Prüfung derselben. Die Fälle, in denen ein Aufgebot nicht stattfand, waren ja gerade die einfachsten; die Wahrscheinlichkeit, daß die Rechtslage mit der Beurkundung übereinstimme, war in diesen Fällen die größte[1]). So gelangte die preußische Praxis, nachdem der öffentliche Glaube des Hypothekenbuches unabhängig von einem vorangegangenen Aufgebot geworden war (A.L.R. I 10 § 7), fast unmerklich dazu, dasselbe Prinzip auf die Erbbescheinigungen auszudehnen. Dies lag um so näher, als die Vorlegung einer Erbbescheinigung gemäß Hypothekenordnung II § 72 zur Eintragung des Erben genügte, und daher gerade in den wichtigsten Fällen der Inhalt der Erbbescheinigungen mittelbar öffentlichen Glauben genoß[2]).

Im Jahre 1868 empfand die preußische Regierung das Bedürfnis, den auf dem Boden des A.L.R. durch die Praxis ausgebildeten Rechtszustand im Interesse der Sicherheit des Verkehrs, wie auch im Interesse der Geschäftsführung verschiedener Behörden und öffentlichen Kassen auf die neuen Landesteile durch Gesetz auszudehnen. Der Regierungsentwurf wurde vom Landtag nur wenig verändert[3]). Am 12. März 1869 wurde das Gesetz, betreffend die Ausstellung gerichtlicher Erbbescheinigungen, publiciert (Preuß. Gesetzsammlung 1869 S. 473 ff.).

Dieses Gesetz bewährte sich vorzüglich und fand vielfach Nachahmung in den anderen deutschen Staaten, in welchen die Praxis sich nicht dazu hatte verstehen können, den Zeugnissen der Verlassenschaftsbehörde civilrechtliche Wirkungen beizulegen. Zu erwähnen sind namentlich das

---

[1]) Motive zum preuß. Gesetzentwurf von 1868/9 a. a. O. S. 13.

[2]) Motive zum preuß. Gesetzentwurf von 1868/9 a. a. O. S. 13 ff.; Gruchot, Preuß. Erbrecht I. S. 233.

[3]) Stenogr. Berichte des preuß. Herrenhauses 1868/9 I S. 78 ff. Stenogr. Berichte des Abgeordnetenhauses 1868/9 II S. 1615 ff.

elf.-lothr. Gesetz vom 10. Mai 1886 und das badische Gesetz vom 24. März 1888.

Auch das B.G.B. schließt sich in seinen Bestimmungen über den Erbschein eng an das preußische Gesetz an[1]). Zugleich aber bildet es das Institut in konsequenter und glücklicher Weise aus. Nach preußischem Recht wurde nur für den gesetzlichen Erben ein Erbschein ausgestellt; dem eingesetzten Erben konnte höchstens ein „Ergänzungsattest" neben einer letztwilligen Verfügung, welche ihn in anderer Weise als durch Namensnennung bezeichnete, erteilt werden zur Feststellung der Thatsache, daß er der im Testament oder Erbvertrag Gemeinte sei. Dieser Regelung lag die Anschauung zu Grunde, die Interpretation einer Verfügung von Todeswegen müsse unbedingt Sache des Prozeßrichters sein[2]). Das B.G.B. hat mit Fug und Recht auch die Prüfung dieser Frage dem Nachlaßgerichte anvertraut und damit den Erbschein auf alle Erbfälle anwendbar gemacht.

Ein weiterer Fortschritt des B.G.B. liegt in der Schaffung eines geregelten Verfahrens zur Unschädlichmachung unrichtiger Erbscheine.

Was die materiellen Wirkungen des Erbscheins betrifft, so hat das Gesetzbuch, wenn auch die Schaffung eines dem Grundbuche entsprechenden Erbschaftsregisters aus äußerlichen Gründen abgelehnt wurde (Prot. Bd. 5 S. 672), doch in richtiger Würdigung des Wesens und der geschichtlichen Entwickelung der gerichtlichen Zeugnisse über das

---

[1]) Von den zahlreichen preuß. Gerichtsentscheidungen, welche sich mit der Auslegung des Gesetzes vom 12. März 1869 befassen, sind daher viele auch für die Interpretation des B.G.B. verwertbar. In der folgenden dogmatischen Darstellung sind die wichtigsten Entscheidungen des Kammergerichts, welche sich in Johow's Jahrbüchern Iff. abgedruckt finden, berücksichtigt.

[2]) So auch noch der Standpunkt des I. Entwurfs zum B.G.B. und der Motive V. S. 558; vgl. dagegen Protokolle V S. 671f.

Erbrecht die diesbezüglichen Vorschriften in bewußter Anlehnung an den öffentlichen Glauben des Grundbuchs getroffen (vgl. §§ 2366 f. mit §§ 892 f.). Hierdurch wird es der Wissenschaft ermöglicht, die gesicherten Ergebnisse des materiellen Grundbuchrechtes für das Verständnis des jüngeren und daher noch weniger ausgebildeten Erbscheinsrechtes zu verwerten.

§ 2.

Begriff, Form und Inhalt des Erbscheines.

Der Erbschein ist ein auf Antrag zu erteilendes Zeugnis des Nachlaßgerichtes über das Erbrecht (§ 2353).

Für die Form des Erbscheins folgt aus dieser Begriffsbestimmung, daß die Beurkundung erkennbar vom Nachlaßgericht ausgehen, und vom Richter unterschrieben sein muß. Weitere Vorschriften über die Form des Erbscheins enthält das Reichsrecht nicht. Der zehnte Abschnitt des Reichsgesetzes über die Angelegenheiten der freiwilligen Gerichtsbarkeit findet auf den Erbschein keine Anwendung, da dieser keine Beurkundung von Rechtsgeschäften enthält[1]). Das Landesrecht kann über die Form des Erbscheins nähere Vorschriften erlassen (§ 200 R.F.G.); jedoch hat ein Verstoß gegen eine solche Vorschrift keinen Einfluß auf die Giltigkeit des Erbscheins (§ 200 Abs. 2 R.F.G.)[2]).

---

[1]) Vgl. § 167 Abs. 1 R.F.G., Jastrow Note 2 zu § 167 R.F.G., Weißler S. 226.

[2]) Das Landesrecht kann natürlich auch die Bestimmung treffen, daß die Vorschriften des Reichsrechts über die Beurkundung von Rechtsgeschäften entsprechende Anwendung finden sollen: so braunschweig. Ausf.G. z. R.F.G. vom 12. VI. 99 § 23.

Von den Vorschriften des preuß. F.G. vom 21. IX. 99 gehören hieher besonders: Art. 53: „Für notarielle Urkunden über andere Gegenstände als Rechtsgeschäfte gelten die Vorschriften der Art. 54—62. Die gleichen Vorschriften finden auf gerichtliche Urkunden der bezeichneten Art Anwendung, soweit nicht die Beurkundung einen Teil eines anderen Verfahrens bildet.“ Art. 54: „Die Urkunde muß den Ort

Der Erbschein ist öffentliche Urkunde im Sinne des § 437 C.P.O., er hat daher die Vermutung der Echtheit für sich.

Über den **Inhalt** des Erbscheins enthält das B.G.B. keine allgemeinen Vorschriften. Die Motive (V S. 565) bemerken, eine instruktionelle Vorschrift über den Gesamtinhalt des Erbscheins sei entbehrlich. Es bleibt daher nichts übrig, als die allgemeinen Gesichtspunkte aus den Einzelvorschriften des Gesetzes, und, soweit diese im Stiche lassen, aus dem Zwecke des Erbscheins abzuleiten. Die hieher gehörigen Einzelbestimmungen, die unten näher zu besprechen sind, geben die §§ 2353, 2357, 2363 und 2364. Bei den hier vorgeschriebenen Angaben handelt es sich durchweg um die Beurkundung von **Rechtsverhältnissen**, und nicht um die Bezeugung bloßer Thatsachen. Das B.G.B. hat in dieser Hinsicht im Gegensatz zu verschiedenen älteren Partikularrechten die volle Konsequenz aus dem Zweck des Instituts gezogen. Für den Verkehr kommt es nicht darauf an, daß bestimmte Thatsachen wahr sind, sondern darauf, wem die Berechtigung zusteht, über den Nachlaß zu verfügen, und wie weit diese Berechtigung reicht. Würde der Erbschein

---

und den Tag der Verhandlung oder, falls sie nicht in der Form eines Protokolls aufgenommen wird, den Ort und den Tag der Ausstellung angeben und mit der Unterschrift des Richters oder des Notars versehen werden. Wird die Urkunde den Beteiligten in Urschrift ausgehändigt, so muß sie auch mit Siegel oder Stempel versehen sein."

Inhaltlich genau mit diesen preuß. Vorschriften übereinstimmend: lüb. A.G. z. R.F.G. §§ 39 ff., oldbg. A.G. z. R.F.G. §§ 29 f., Reuß ä. L. A.G. z. R.F.G. § 46, Reuß j. L. A.G. z. R.F.G. §§ 90 f., Sachs.-Mein. F.G. Art. 55 f., Lippe A.G. z. R.F.G. Art. 45 f., Schwarzb.-Rud. A.G. z. R.F.G. Art. 47 f., Schwarzb.-Sondersh. A.G. z. F.R.G. §§ 41 f., Waldeck-Pyrmont Ges. F.G. §§ 43 f.

Für Bayern schreibt § 103 der Justizministerialbekanntmachung vom 31. Dez. 99 vor, daß Ausfertigungen von Erbscheinen und ähnlichen Zeugnissen vom Richter zu unterzeichnen und mit dem Gerichtssiegel zu versehen sind.

in seinem maßgebenden Inhalte bloße Thatsachen bezeugen, so müßte jeder auf eigene Gefahr die rechtlichen Folgerungen aus den angegebenen Thatsachen ziehen, wiewohl doch auf der Hand liegt, daß gerade zur rechtlichen Würdigung des erhobenen Thatbestandes das Nachlaßgericht besser im stande ist als das Publikum. Eine Beurkundung von Rechtsverhältnissen stellt der Erbschein nicht nur insoweit dar, als er das Erbrecht oder die Größe des Erbteils (der Erbteile) bezeugt, sondern auch soweit er Beschränkungen des Erben durch Anordnung einer Nacherbfolge oder Ernennung eines Testamentsvollstreckers bekundet[1]). Denn auch hier wird nicht lediglich der Inhalt des Testaments oder Erbvertrags wiedergegeben. Erweist sich die Anordnung der Nacherbfolge oder die Ernennung des Testamentsvollstreckers als unwirksam (vgl. § 2085 und z. B. § 2201 B.G.B.), so ist sie in den Erbschein nicht aufzunehmen. Es handelt sich also auch hier um die nach rechtlicher Würdigung erfolgende Beurkundung von Rechtsverhältnissen[2]).

---

[1]) A. M. Krafft, Bl. f. R.A. Jahrg. 64 S. 270f. — Vgl. Beschl. d. K.G. v. 7. XI. 00 in Rspr. d. O.L.G. I 410 („Daß in dieser Eintragung, die ihrem Wortlaut nach allerdings nur die Thatsache der Bestellung des Vollstreckers wiedergibt, eine Beschränkung in der Verfügung zu Gunsten des letzteren liegt, kann keinem Zweifel unterliegen.")

[2]) Bezüglich des Testamentsvollstreckers könnte der Wortlaut des § 2364 Abs. 1 dafür angeführt werden, daß es sich um eine bloße Thatsachenbeurkundung handle. Denn die Ernennung des Testamentsvollstreckers begründet für sich allein noch kein Rechtsverhältnis. Erst mit der Annahme des Amtes (§ 2202) entsteht das Verwaltungsrecht des Vollstreckers und die daraus resultierende Beschränkung des Erben. Allein gerade weil die Ernennung eines Testamentsvollstreckers an sich die Verfügungsmacht des Erben nicht beschränken würde, ist mit Rücksicht auf die §§ 2365–2367 die Folgerung gerechtfertigt, daß die Angabe der Ernennung stets das Bestehen des Verwaltungsrechts eines Testamentsvollstreckers zum Gegenstand hat. Daß die Annahme des Amtes nicht Voraussetzung dieser Beurkundung ist, bezw. nicht geprüft wird, hat seinen Grund darin, daß eine unrichtige Beurkundung in dieser Richtung keine Gefahr mit sich bringt. Es kann aber wohl

Zur genauen Bezeichnung des in Frage stehenden Erbrechts und der Berechtigten muß der Erbschein allerdings auch rein thatsächliche Angaben enthalten. Z. B. wird der volle Name, der Stand und Wohnsitz des Erblassers wie des Erben, der Todestag des ersteren und manchmal wohl auch der Geburtstag des letzteren anzugeben sein. Für die Richtigkeit dieser thatsächlichen Angaben bietet der Erbschein keine Gewähr[1]), wie ja auch der entsprechende Inhalt des Grundbuches (Beschrieb und Maß des Grundstücks, Personalien u. dgl.) des Rechtsschutzes entbehrt.

Die praktische Bedeutung der Angaben des Erbscheins liegt in der Vermutung des § 2365 und dem öffentlichen Glauben (§ 2366 f.). Diese Wirkungen kommen nach den angezogenen Vorschriften dem Erbschein zweifellos positiv wie negativ nur bezüglich des zu bezeugenden Erbrechts (§§ 2353 und 2357) und der anzugebenden Beschränkungen desselben (§§ 2363, 2364) zu. Man darf hieraus den Schluß ziehen, daß andere Rechtsverhältnisse als die in den §§ 2353, 2357, 2363, 2364 bezeichneten in den Erbschein regelmäßig nicht aufgenommen werden sollen[2]). Ihre Beurkundung würde dem Zwecke des Erbscheins widersprechen. Im Grundbuchrecht, dessen Analogie bei der großen historischen Verwandtschaft der Materien hier wohl herangezogen werden darf, ist es völlig unbestritten, daß Rechtsverhältnisse nur ein-

---

kaum bezweifelt werden, daß der Satz „ein Testamentsvollstrecker ist ernannt" unrichtig wird (2361), sobald feststeht, daß der Ernannte das Amt abgelehnt hat oder aus einem sonstigen Grunde ein den Erben beschränkendes Recht eines Testamentsvollstreckers nicht besteht und nicht mehr entstehen kann.

[1]) Ob dem Erbschein bezüglich dieser Thatsachen Beweiskraft nach den Vorschriften der C.P.O. zukommt, richtet sich nach § 418 Abs. 3 C.P.O. Regelmäßig wird die Beurkundung nicht auf eigener Wahrnehmung des Nachlaßgerichts beruhen. Im übrigen können die Vorschriften der C.P.O. nicht angewandt werden, weil Rechtsverhältnisse, nicht Thatsachen beurkundet werden.

[2]) So auch Bayer. Oberst. L.G. Sa. II S. 222.

getragen werden dürfen, wenn das Gesetz ihre Eintragung vorschreibt[1]). Man wird diesen Grundsatz, wenn auch wohl nicht mit voller Strenge, auf das Recht des Erbscheins zu übertragen haben. Eine gewisse Bestätigung hiefür enthalten auch die Vorschriften über Unrichtigkeit und Einziehung des Erbscheins. Der Erbschein soll eingezogen werden, wenn er „unrichtig" ist (§ 2361). Zweifellos bedarf es dieser Maßregel nur, wenn sich aus dem Verbleiben des Erbscheins im Verkehr nachteilige Rechtsfolgen ergeben könnten, also nur dann, wenn unrichtigerweise solche Rechtsverhältnisse bezeugt sind, auf die sich der öffentliche Glaube des Scheines bezieht. Nun bedeuten aber sprachlich die Worte: „Der Erbschein ist unrichtig" so viel, als der Inhalt des Erbscheins ist in irgend einem Punkte unrichtig. Zweck und Wortsinn des § 2361 decken sich also nur, wenn man davon ausgeht, daß den Inhalt des Erbscheins nur diejenigen Rechtsverhältnisse bilden, auf welche sich der öffentliche Glaube bezieht.

Zu bezeugen ist in erster Linie gemäß § 2353 das Erbrecht; es ist, wie erwähnt, genau zu bezeichnen[2]).

Ferner hat der Erbschein Aufschluß zu geben über den Umfang des Erbrechtes. Erben mehrere Personen, so sind nach dem B.G.B. zwei Formen des Erbscheins zulässig: der

---

[1]) Vgl. Denkschrift zur G.B.O. bei Hahn=Mugdan Bd. 5 S. 170: „Erweist sich eine Eintragung ihrem Inhalte nach als unzulässig, ist z. B. ein Recht eingetragen, das an einem Grundstück überhaupt nicht begründet werden kann, so kann aus einer solchen Eintragung zwar kein Nachteil erwachsen, weil der öffentliche Glaube des Grundbuchs sich auf sie nicht erstreckt. Es liegt aber im allgemeinen Interesse, daß die Bedeutungslosigkeit der Eintragung durch das Grundbuch selbst ersichtlich gemacht wird." Daraus folgt selbstverständlich, daß eine solche bedeutungslose Eintragung besser von vornherein unterblieben wäre, und dies gilt entsprechend auch für den Erbschein.

[2]) Mot. V 565. — Wird der Erbschein oder seine Ausfertigung nicht dem darin bezeichneten Erben, sondern einer andern Person auf deren Antrag erteilt, z. B. einem Gläubiger des Erben, so ist auch diese Person namentlich zu bezeichnen.

gemeinschaftliche Erbschein und der Teilerbschein (§ 2357 und § 2353 a. E.). Das preußische Recht kannte nur die erstere Form[1]) und es wurde bei der Beratung der zweiten Kommission geltend gemacht, daß bei der Erbengemeinschaft zu gesamter Hand der Teilerbschein kaum eine praktische Bedeutung haben werde (Prot. V 678). Allein die vom B.G.B. eingeführte Neuerung rechtfertigt sich nicht nur aus dem bei den Beratungen erwähnten Grunde (Prot. a. a. O.), daß der Teilerbschein namentlich dann von Wert sein werde, wenn die Erbengemeinschaft aufgelöst sei, sondern auch im Hinblick auf die Rechte, welche dem einzelnen Miterben bei bestehender Gemeinschaft eingeräumt sind (§ 2033 und insbesondere § 2039 Satz 2, ferner §§ 1993, 2003 Abs. 1, 2063 Abs. 1 B.G.B.; § 991 Abs. 1, 989 C.P.O., § 217 K.O., Wilke Note 2 zu § 2354 B.G.B.).

Der Teilerbschein bekundet lediglich, daß der Miterbe zu einem bestimmten Bruchteil Erbe geworden sei. Die Namen der übrigen Miterben sind nicht anzugeben (Prot. V 678, Hachenburg, Vorträge über das B.G.B., S. 281). Der gemeinschaftliche Erbschein enthält nicht nur die Namen sämtlicher Erben, sondern auch die Größe des einem jeden von ihnen zustehenden Erbteils[2]).

Der Erbteil ist immer ein Bruchteil der Erbschaft, niemals eine Summe oder ein Nachlaßgegenstand. Auszugleichende Vorempfänge finden keine Erwähnung im Erbschein, ebensowenig Teilungsanordnungen[3]).

Dem gutgläubigen Erwerb vom Nichtberechtigten stellt das B.G.B. grundsätzlich den Fall eines solchen Erwerbs

[1]) Borcherdt, Erbrecht und Nachlaßbehandlung, S. 641.

[2]) Krafft a. a. O. S. 269 behauptet, die Erbteile seien nicht anzugeben. Allein die Richtigkeit der im Text vertretenen Auffassung folgt doch wohl daraus, daß nach § 2357 Abs. 2 in dem Antrag auf Erteilung des Erbscheins die Erbteile anzugeben sind.

[3]) K.G. 8 X. 1900 in Johow XX S. 265 ff. — Bayer. Oberst. L.G. 10. V. 01 in Sa. II S. 301 ff.

von dem durch relatives Veräußerungsverbot beschränkten Berechtigten gleich (§§ 136 Abs. 2, 932 Abs. 1 Satz 2, 2365 a. E. B.G.B. Vgl. aber die Ausnahmen in § 7 K.O. und § 1984 B.G.B.). Das Interesse derjenigen, welche durch das Veräußerungsverbot geschützt werden sollen, fordert, daß in der Beurkundung (Grundbuch, Erbschein), welche dem guten Glauben zur objektiven Grundlage dient, solche Veräußerungsverbote ersichtlich gemacht werden. Demgemäß schreibt das B.G.B. in den §§ 2363 und 2364 vor, daß im Erbschein die Einsetzung eines Nacherben sowie die Ernennung eines Testamentsvollstreckers anzugeben sind (vgl. die entsprechenden Bestimmungen für das Grundbuch in §§ 52 und 53 G.B.O.).

Regelmäßig ist die Verfügungsmacht des Vorerben insbesondere beschränkt hinsichtlich unentgeltlicher Verfügungen und Verfügungen über zur Erbschaft gehörige Grundstücke und Rechte an solchen (§§ 2113—2115). Der Erblasser kann jedoch die Rechtsstellung des Vorerben unabhängiger gestalten, indem er ihn von einzelnen gesetzlichen Beschränkungen oder auch von allen befreit (§§ 2136 ff.).

In dem Erbscheine, der einem Vorerben erteilt wird, ist anzugeben, daß eine Nacherbfolge angeordnet ist, unter welchen Voraussetzungen sie eintritt und wer der Nacherbe ist. Hat der Erblasser den Vorerben von den in § 2136 aufgezählten Beschränkungen befreit, indem er den Nacherben auf den Überrest eingesetzt oder den Vorerben zur freien Verfügung berechtigt hat (§ 2137), so ist auch diese Befreiung anzugeben. Es fragt sich, wie es zu halten ist, wenn der Erblasser nur in einzelnen Punkten den Vorerben von den gesetzlichen Beschränkungen befreit hat. Dieser Fall wird von § 2363 Abs. 1 nicht mitbetroffen. In den Protokollen (V S. 683) wird ausgeführt, der Erbschein müsse eine Erweiterung der Rechte des Vorerben „jedenfalls" dann erkennen lassen, wenn der Erblasser das Recht des Nacherben auf den Überrest beschränkt habe. Offenbar wollte man dem Ermessen des Nachlaßgerichts überlassen, inwieweit einzelne Erweiterungen der Verfügungsmacht des Vorerben anzugeben sind[1]). Das Nachlaßgericht wird alles aufzunehmen haben, was die praktische Verwendbarkeit des Zeugnisses für den Vorerben erhöht, ohne dasselbe ungebührlich zu überladen[2]).

Die Angabe, ein Testamentsvollstrecker sei ernannt, hat nicht den Zweck, den Testamentsvollstrecker als solchen zu legitimieren, sie soll vielmehr die Legitimation des Erben einschränken. Der Testamentsvollstrecker erhält als Ausweis im Verkehr ein besonderes Zeugnis (§ 2368)[3]).

Über einen der Verwaltung des Testamentsvollstreckers unterliegenden Nachlaßgegenstand kann der Erbe nicht verfügen (§ 2211); ein der Verwaltung des Testamentsvollstreckers unterliegendes Recht kann nur von dem Testamentsvollstrecker gerichtlich geltend gemacht werden (§ 2212). Regelmäßig untersteht der ganze Nachlaß der Verwaltung des Testamentsvollstreckers (§ 2205, vgl. aber auch § 2217.). Der Erblasser kann aber das Verwaltungsrecht des Vollstreckers beliebig einschränken, insbesondere anordnen, daß nur bestimmte Gegenstände der Verwaltung unterliegen sollen.

Das B.G.B. enthält keine Vorschrift, ob eine Beschränkung des regelmäßig dem Testamentsvollstrecker zustehenden Verfügungsrechtes im Erbschein anzugeben ist; keineswegs aber muß aus dem Fehlen einer gesetzlichen Bestimmung hier geschlossen werden, daß der Erbschein Beschränkungen des Testamentsvollstreckers überhaupt nicht aufnehmen dürfe[4]).

---

[1]) Ebenso Planck Anm. 3 zu § 2363.

[2]) Unrichtig ist es, wenn Strohal S. 374 a. E. und Fischer-Henle Note 1 zu § 2363 annehmen, der Erbschein müsse jede einzelne Erweiterung der Rechte des Vorerben erkennen lassen. Vgl. Prot. V S. 674 a. E., 683 zu dem beantragten § 2078b Abs. 1.

[3]) Daß die Angabe im Erbschein zur Legitimation des Testamentsvollstreckers nicht ausreicht, ergibt deutlich § 36 G.B.O.

[4]) Diese Anschauung wird von den Mot. V S. 566 vertreten: „In der Angabe, daß ein Testamentsvollstrecker ernannt sei,

Vielmehr will das Gesetz auch hier die Entscheidung dem Ermessen des Nachlaßgerichtes überlassen. Steht dem Erben trotz der Ernennung eines Testamentsvollstreckers in erheblichem Umfang das Recht der Verfügung über den Nachlaß zu, so würde ein Erbschein, der nur die Ernennung, nicht auch die Beschränkung des Testamentsvollstreckers angäbe, den Erben unbillig beschweren und einer geordneten Verwaltung des Nachlasses hinderlich sein. Hat dagegen die angeordnete Beschränkung des dem Testamentsvollstrecker zustehenden Verwaltungsrechtes nur geringe Bedeutung, so wird das Nachlaßgericht es einfach bei dem vom Gesetz vorgeschriebenen warnenden Vermerke belassen, das Verfügungsrecht des Erben sei durch Ernennung eines Testamentsvollstreckers eingeschränkt.

Hat der Erblasser einen Testamentsvollstrecker nicht selbst ernannt, sondern die Ernennung einer dritten Person oder dem Nachlaßgericht überlassen (§§ 2198, 2200), so wird der Erbschein, wenn die Ernennung noch nicht erfolgt ist, die sie ermöglichende Bestimmung der Verfügung von Todeswegen kund zu geben haben[1]).

Sind mehrere Testamentsvollstrecker ernannt, so haben sie nach § 2224 B.G.B. ihr Amt gemeinschaftlich zu führen; bei einer Meinungsverschiedenheit entscheidet das Nachlaßgericht. Der Erblasser kann jedoch abweichende Anordnungen treffen. Solche abweichende Anordnungen verändern die ge-

liegt ein deutlicher Hinweis, daß die weitere Auskunft, wie weit die Befugnisse reichen, der letztwilligen Verfügung zu entnehmen ist." Allein diese Ausführungen der Motive hängen zusammen mit dem Standpunkte des ersten Entwurfs, daß das Nachlaßgericht zur Auslegung letztwilliger Verfügungen nicht berufen sei. Im Gegensatz hiezu will das B.G.B. dem Verkehr ersparen, auf die letztwillige Verfügung zurückgreifen zu müssen. Jener Satz der Motive kann daher nicht mehr für maßgebend erachtet werden. Für die im Text entwickelte Ansicht spricht auch § 53 G.B.O. verb.: „es sei denn" u. s. w. i. Vbd. m. § 36 G.B.O.

[1]) Krafft a. a. O. S. 270.

setzliche Verfügungsmacht der Testamentsvollstrecker. Daraus folgt aber nicht, daß diese Anordnungen in den Erbschein aufzunehmen sind. Denn für die Rechtstellung des Erben ist nur der Umfang des den Testamentsvollstreckern insgesamt zustehenden Verwaltungsrechtes von Bedeutung; durch die näheren Bestimmungen, wie dieses Verwaltungsrecht beim Vorhandensein mehrerer Vollstrecker auszuüben sei, wird die Verfügungsmacht des Erben weder größer noch kleiner[1]).

Daß der Name des ernannten Testamentsvollstreckers anzugeben sei, schreibt das Gesetz nicht vor. Diese Angabe wird daher besser zu unterbleiben haben (vgl. Mot. V S. 566). Man vermeidet so den Anschein, als legitimiere der Erbschein die als Testamentsvollstrecker bezeichnete Person[2]).

Übrigens erscheint die dem Gesetze zweifellos genügende Angabe: „ein Testamentsvollstrecker ist ernannt" ein wenig farblos und dürfte kaum geeignet sein, das Publikum auf die Verfügungsbeschränkungen, welche (möglicherweise wenigstens) aus der Ernennung folgen, aufmerksam zu machen. Es würde sich daher empfehlen, die Angabe etwa dahin zu fassen: der Erbe ist in der Verfügung über den Nachlaß durch Ernennung eines Testamentsvollstreckers beschränkt[3]).

Auch die Eröffnung des **Nachlaßkonkurses** und die

---

[1]) Etwas ganz anderes ist die Frage, ob solche Anordnungen in das Testamentvollstreckerzeugnis aufzunehmen sind. Dies bejaht — m. E. mit Recht — der Beschluß des K.G. vom 1. VII. 01 in Entsch. R.J.A. II 167 ff.

[2]) Übereinstimmend Enneccerus-Lehmann B.G.B. II S. 874, Planck Anm. 2 zu § 2364, J. Boehm, Erbrecht S. 308, das Formular bei Weißler S. 241. Dagegen enthält das vom Bayer. Justizministerium in der Bekanntmachung v. 31. XII. 99 empfohlene Formular den Passus: „Als Testamentsvollstrecker ist... (Name und Stand) ernannt."

[3]) Vgl. Strohal S. 375: „Hat der Erblasser einen Testamentsvollstrecker ernannt . . ., so ist die Ernennung . . ., und zwar doch wohl unter Hinweis auf die sich hieraus für die rechtliche Stellung des Erben ergebenden Folgen, im Erbschein anzugeben." Eine Angabe dieser Rechtsfolgen im einzelnen ist wohl auch von Strohal nicht gewollt; sie würde den Umfang des Erbscheins übermäßig vergrößern.

Anordnung der Nachlaßverwaltung entziehen dem Erben das Recht, über den Nachlaß zu verfügen (K.O. §§ 7, 8, B.G.B. § 1984). Allein diesen Verfügungsbeschränkungen gegenüber gewährt das Vertrauen auf den Erbschein keinen Schutz. Sie brauchen daher nicht zur Sicherheit ihrer Wirksamkeit im Erbschein erwähnt zu werden. Hieraus erklärt sich, daß das Gesetz Angaben über Konkurs und Nachlaßverwaltung nicht vorschreibt[1]). Eine Gefährdung Dritter wird durch den Mangel diesbezüglicher Angaben nicht herbeigeführt. Denn in diesen Fällen ist, wie unten in § 4 darzulegen sein wird, nicht der Erbe, sondern an seiner Stelle ausschließlich der Nachlaßverwalter bezw. Nachlaßkonkursverwalter befugt, einen Erbschein zu verlangen. Ist aber auf Antrag des Verwalters ein Erbschein ausgestellt worden, so bildet der dann auf dem Erbschein befindliche Vermerk, daß derselbe auf Antrag des Konkursverwalters erteilt worden sei, eine Warnung für diejenigen, welchen der Erbe etwa eine Ausfertigung vorlegen sollte (vgl. § 85 R.F.G.).

Verfügungsbeschränkungen kraft Rechtsgeschäftes sind unserm Rechte fremd (§ 137 B.G.B.). Hat daher z. B. der Erbe mit dem Testamentsvollstrecker vereinbart, daß letzterer zu gewissen Verfügungen die Genehmigung des Nachlaßgerichts zu erholen habe, so kann einem solchen Abkommen höchstens obligatorische Wirksamkeit zukommen. Es kann somit im Erbschein ebensowenig erwähnt werden, als im Grundbuch[2]).

[1]) Der öffentliche Glaube des Grundbuchs schützt auch gegen die aus Konkurs und Nachlaßverwaltung sich ergebenden Verfügungsbeschränkungen (§ 7 K.O., § 1984 B.G.B.). Daher schreibt § 113 K.O. Eintragung der Konkurseröffnung im Grundbuch vor. Eine entsprechende Bestimmung für die Nachlaßverwaltung fehlt zwar, doch kann es keinem begründeten Zweifel unterliegen, daß auch die Nachlaßverwaltung als Verfügungsbeschränkung im Sinne des § 892 Abs. 1 Satz 2 unter entsprechender Anwendung des § 113 K.A.O. im Grundbuch einzutragen ist (vgl. Strohal S. 472 f.).

[2]) Vgl. Beschl. d. O.L.G. Hamburg v. 23. IV. 00 in Rspr. d. O.L.G. I 116 f.

Vermächtnisse sind in den Erbschein nicht aufzunehmen; sie „beschweren“ den Erben, „beschränken“ ihn aber nicht[1]. Ebensowenig hat der Erbschein über die Belastung des Erben mit Auflagen, Pflichtteilsansprüchen oder sonstigen Nachlaßverbindlichkeiten Aufschluß zu geben[2].

Auch die Geschäftsunfähigkeit kann nicht als relative Verfügungsbeschränkung betrachtet und in den Erbschein aufgenommen werden. Sie ist eine Eigenschaft der Person, nicht eine Beschränkung des Erbrechts und der aus ihm sich ergebenden Verfügungsmacht. Gegen die Nichtigkeit einer Verfügung wegen Geschäftsunfähigkeit schützt der öffentliche Glaube nicht. Daher bedarf es der Angabe der Geschäftsunfähigkeit nicht. Jedenfalls aber verbietet sich die vielfach übliche Erwähnung des Namens des gesetzlichen Vertreters, da sie geeignet ist, den Anschein zu erwecken, als bilde der Erbschein auch einen Ausweis für die Vertretungsmacht[3].

Angaben über den Bestand der Nachlaßmasse sind sorgfältig zu vermeiden. Dafür, daß bestimmte Gegenstände zum Vermögen des Erblassers gehört haben und nun einen Bestandteil des Nachlasses ausmachen, bietet der Erbschein keine Gewähr[4].

Erstreckt sich dagegen die Erbfolge nicht auf das ganze Vermögen des Erblassers, z. B. weil derselbe in allgemeiner Gütergemeinschaft gelebt hat, so ist dies aus dem Erbschein ersichtlich zu machen, denn hierin liegt eine Beschränkung des regelmäßigen Umfangs des Erbrechts, nicht eine Angabe über den Bestand des Nachlasses. Ist in dem Erbschein nicht erwähnt, daß die Erbfolge nur für bestimmte Vermögens-

[1]) K.G. Beschl. v. 20. VII. 00, in Entsch. R.J.A. I 101.

[2]) Strohal S. 374 Note 7.

[3]) Dagegen ist die Angabe des Geburtstages eines minderjährigen Erben nicht zu beanstanden und zweckmäßig.

[4]) Über die Zulässigkeit des gegenständlich beschränkten Erbscheins s. unten in § 3 bei der Erörterung des § 2369.

komplexe eingetreten sei, so erstreckt sich die Vermutung und der öffentliche Glaube des Erbscheins auch darauf, daß die Universal-Succession das gesamte Vermögen des Erblassers ergriffen habe (vgl. § 2356 verb.: „das in dem Erbschein angegebene Erbrecht").

Eine Begründung des Erbscheins schreibt das Gesetz nicht vor. Auch wäre jede Motivierung vom Übel, da sie den Anschein hervorrufen könnte, als sei die Wirksamkeit des Erbscheins von der Richtigkeit der angegebenen Gründe abhängig[1]). Der Erbschein soll aber seine Wirkung äußern, auch wenn er aus unrichtigen Gründen erteilt ist.

Ein bedingter Erbschein ist nicht zulässig[2]). Es kann daher nicht bezeugt werden, daß jemand Erbe sei im Falle der Ungiltigkeit eines bestimmten Testamentes. Ein solcher Erbschein hätte übrigens nicht nur einen unzulässigen Inhalt, sondern würde auch auf einem Mangel des Verfahrens beruhen; denn das Nachlaßgericht hat sich über Giltigkeit oder Ungiltigkeit eines Testaments sein eigenes Urteil zu bilden (s. unten § V).

Mit dem beschränkten Inhalte eines bloßen Ergänzungsattestes, wie solche das preuß. Gesetz vom 12. März 1869 kannte, kann ein Erbschein nach B.G.B. zweifellos nicht ausgestellt werden[3]).

---

[1]) Vgl. Mot. V S. 565. — Unangebracht ist z. B. in den von Marcus in der D. J.-Ztg. IV S. 474 ff. vorgeschlagenen Formularen die Fassung: „das unterfertigte zuständige Nachlaßgericht". — Ein Erbschein des Inhalts: der Antragsteller habe sich „als alleiniger testamentarischer Erbe" ausgewiesen, ist auf Beschwerde mit Recht beanstandet worden. Vgl. „Das Recht" 1900 S. 399.

[2]) Ebenso Weißler S. 223, Eichhorn S. 245. — A. M. für das preuß. Recht: Eccius IV S. 511, K.G. bei Johow VII S. 29 f. und XIV S. 60 ff.

[3]) Beschl. K.G. in Entsch. R.J.A. II 164.

§ 3.

Das Nachlaßgericht.

I. Verfassung.

Die Erteilung des Erbscheins liegt dem Nachlaßgerichte ob (§ 2353).

Nachlaßgericht ist regelmäßig das Amtsgericht (§ 72 R.F.G.)[1].

Ausnahmen von dieser Regel ergeben sich zunächst aus den Artt. 57—59 E.G. z. B.G.B. für die landesherrlichen und die vormals reichsständischen Familien, sowie für die Nachfolge in Lehen und Familienfideikommisse[2].

Vollends durchbrochen wird aber die Rechtseinheit durch die Bestimmung des Art. 147 E.G. z. B.G.B., nach welcher das Landesrecht die Obliegenheiten des Vormundschafts- und Nachlaßgerichts ganz oder teilweise anderen als gerichtlichen Behörden übertragen kann. Hienach hat die Gesetzgebung der Einzelstaaten die Wahl, es bei der reichsrechtlichen Zuständigkeit der Amtsgerichte zu belassen, oder die Obliegenheiten des Nachlaßgerichtes nichtrichterlichen Behörden zu übertragen; unstatthaft wäre eine landesrechtliche Vorschrift, welche andere Gerichte als die Amtsgerichte zu Nachlaßgerichten bestimmen würde.

Von dem Vorbehalte des Art. E.G. z. B.G.B. haben die meisten Einzelstaaten in der einen oder anderen Beziehung Gebrauch gemacht; aber nur Württemberg, Baden und die beiden Großherzogtümer Mecklenburg haben Bestimmungen getroffen, welche die Zuständigkeit zur Erteilung des Erbscheins berühren.

---

[1]) Das Verhältnis von Regel und Ausnahme erscheint umgekehrt bei Endemann III S. 511 Note: „Dieses Gesetz — sc. das R.F.G. — wie das B.G.B. gehen davon aus, daß die Fürsorge in Sachen der freiwilligen Gerichtsbarkeit im wesentlichen den nach Landesrecht zu bestimmenden Behörden überlassen werden muß."

[2]) Die in Kraft gebliebenen landesrechtlichen Bestimmungen s.

In Württemberg[1]) bestand vor dem Inkrafttreten des B.G.B. der Grundsatz der amtlichen Nachlaßbehandlung, und zwar war dieselbe ebenso wie das Vormundschaftswesen Sache des Gemeinderats. Die Geschäfte wurden jedoch regelmäßig von der waisengerichtlichen Deputation oder dem Gemeindewaisengericht unter Mitwirkung des Bezirksnotars erledigt.

Man wollte nun in Württemberg, soweit es irgend anging, der Bevölkerung die gewohnte amtliche Fürsorgethätigkeit in Erbschaftsangelegenheiten erhalten [2]). Zu diesem Zwecke mußte von der reichsrechtlichen Zuständigkeit der Amtsgerichte grundsätzlich abgegangen werden, da eine solche Geschäftslast den Amtsgerichten nicht aufgebürdet werden konnte. An Stelle der seitherigen gemeindlichen Organe schuf man für die Nachlaßsachen (und für das Vormundschaftswesen) staatliche Behörden, deren Besetzung und örtliche Zuständigkeit sich an die früheren Einrichtungen eng anschließt. Nach Art. 71 A.G. z. B.G.B. wird für jede Gemeinde ein Nachlaßgericht gebildet, das aus dem Bezirksnotar und 4 Waisenrichtern besteht. Die Abänderung einer Entscheidung des Nachlaßgerichts ist zunächst bei dem Amtsgerichte nachzusuchen, in dessen Bezirke das Nachlaßgericht seinen Sitz hat; die Beschwerde findet erst gegen die Entscheidung des Amtsgerichts statt (§ 195 R.F.G., Art. 76 württ. A.G. z. B.G.B.).

Auch in Baden ist die Zuständigkeit des Amtsgerichts durch eine generelle Vorschrift beseitigt worden. Hier hat man den Notar zum Nachlaßgericht erklärt (§ 45 R.P.G.

---

bei Weißler S. 18f. — Note 15 a. a. O. S. 19 ist dahin richtig zu stellen, daß die Fürstl. Thurn und Taxisschen Civilgerichte in Regensburg aufgelöst sind (Bayer. Ü. V. Art. 106).

[1]) Vgl. Rieder, Die württemberg. Ausführungsgesetze I S. 186ff.

[2]) Die gleiche Tendenz verfolgt der z. Zt. (April 1902) der bayer. Abgeordnetenkammer vorliegende Entwurf eines Gesetzes, das Nachlaßwesen betreffend.

vom 17. VI. 99); derselbe ist also auch zuständig für die Erteilung des Erbscheins, wiewohl nach seitherigem badischen Recht (Gesetz vom 24. März 1888 § 1, R.P.G. vom 6. II. 79 § 1 f.) die Erteilung der Erbbescheinigungen dem Amtsgerichte oblag[1]).

In den beiden Großherzogtümern Mecklenburg hat man das Erbscheinsverfahren für die Regel den Amtsgerichten belassen, insbesondere ist die Jurisdiktion der Gutsherrn in Angelegenheiten der freiwilligen Gerichtsbarkeit nicht hierauf erstreckt worden. Doch sind für die Gebiete der Städte deren Magistrate, für die drei Landesklöster die Klosteramtsgerichte, für die Hof- und Marstalldiener nebst Angehörigen (!) die Hofstaatsgerichte und das Hofmarschallamt zuständig (Mecklenburg-Schwerinsche und Mecklenburg-Strelitzsche Verordnungen zur Ausführung d. R.F.G. §§ 22 ff.).

Auch für die nichtgerichtlichen Behörden gelten, soweit sie als Nachlaßgerichte (und Vormundschaftsgerichte) fungieren, die allgemeinen Vorschriften des R.F.G., jedoch nur mit den in §§ 194—196 enthaltenen Ausnahmen. Hienach ist insbesondere für die Beschwerde stets der gerichtliche Instanzenzug gewahrt; ferner finden die Vorschriften der C.P.O. über das Beweisverfahren vor den nicht gerichtlichen Behörden in gleichem Umfange Anwendung wie vor den Amtsgerichten.

Soweit es bei der Zuständigkeit der Amtsgerichte geblieben ist, muß davon ausgegangen werden, daß das R.F.G., wenn es in § 72 „die Amtsgerichte" für zuständig erklärt,

---

[1]) Endemann III § 115 Note 2 folgert aus Art. 147 E.G. z. B.G.B. (verb. „Behörden"), daß das Landesrecht den Notaren die Obliegenheiten des Nachlaßgerichtes nicht übertragen könne. Allein der Notar kann nach Landesrecht die Stellung einer Behörde haben; so auch Planck Note 1 zu Art. 147 a. a. O., Niedner S. 236. — Zu untersuchen, ob nach badischem Recht der Notar eine Behörde ist, ist hier nicht der Ort.

damit nur die Amtsgerichte in der Verfassung, wie sie das Reichsgerichtsverfassungsgesetz geschaffen hat, meinen kann. Es kann daher keine Rede davon sein, daß landesrechtlich kollegiale Amtsgerichte eingerichtet werden können. Ferner wird auch vom R.F.G. als selbstverständliche Eigenschaft deren Unabhängigkeit vorausgesetzt. Es wäre vielleicht, um jeden Zweifel auszuschließen, zweckmäßig gewesen, die diesbezüglichen Vorschriften des Gerichtsverfassungsgesetzes ausdrücklich für anwendbar zu erklären, wie Jastrow in seiner Kritik des Entwurfs zum R.F.G. (Archiv für bürg. R. XIII S. 318 f.) vorschlug. Allein es bedurfte einer solchen Bestimmung nicht[1]). Auch die Unabhängigkeit der Gewerbegerichte, der Disziplinarkammern und Disziplinarhöfe für Reichsbeamte, der Spruchbehörden der Versicherungsgesetze und anderer richterlicher Behörden des Reichsrechts ist nirgends ausdrücklich ausgesprochen; und doch wird niemand bezweifeln wollen, daß Entscheidungen dieser Behörden nur der Abänderung im vorgeschriebenen Instanzenzuge unterliegen und jedem Einfluß der Verwaltung entzogen sind. Es kann daher die Justizverwaltung den Nachlaßgerichten keine bindenden Anweisungen, abgesehen vom formellen Geschäftsgang, erteilen[2]).

Zur Entgegennahme der eidesstattlichen Versicherung sind neben den Amtsgerichten gemäß § 2356 Abs. 2 B.G.B. auch die Notare zuständig. Das Landesrecht kann nicht auf Grund von Art. 141 E.G. z. B.G.B. bestimmen, daß hiefür nur die Gerichte oder nur die Notare zuständig sein sollen; denn die eidesstattliche Versicherung ist kein Rechtsgeschäft[3]).

---

[1]) Daher wäre auch der § 1 des badischen R.P.G. vom 17. VI. 99 nicht notwendig gewesen. — Vgl. Weißler S. 20.

[2]) Jastrow i. d. Zeitschr. f. D. Civilproz. Bd. XXV S. 519. Zustimmend Schulze-Görlitz I S. 10, Birkenbihl S. 34.

[3]) Weißler S. 24.

II. Örtliche Zuständigkeit.

A. Die Zuständigkeit deutscher Nachlaßgerichte überhaupt (internat. Erbscheinsverfahren) und der gegenständlich beschränkte Erbschein.

Die Frage, ob deutsche oder ausländische Behörden bezüglich eines Nachlasses zuständig sind, hängt nicht untrennbar zusammen mit der anderen Frage, welches Recht materiell zur Anwendung zu kommen hat. In letzterer Hinsicht sind Artt. 24 ff. E.G. z. B.G.B. maßgebend, in ersterer Beziehung § 73 R.F.G.[1]). Danach richtet sich die Zuständigkeit der deutschen Gerichte nicht allein nach der Staatsangehörigkeit, vielmehr sind die lex domicilii und die lex rei sitae zur Erweiterung der deutschen Kompetenz verwertet.

Ist der Erblasser ein Deutscher, so ist stets ein deutsches Nachlaßgericht zuständig (§ 73 Abs. 2 R.F.G.).

---

[1]) So auch Weißler S. 24. Dagegen sagt Birkenbihl, Kommentar z. R.F.G. S. 243: „Ob und inwieweit überhaupt das inländische Nachlaßgericht zur Vornahme der in § 72 bezeichneten Verrichtungen im einzelnen Falle zuständig ist, mag der Erblasser ein Deutscher oder ein Ausländer sein, richtet sich nach den Staatsverträgen und in deren Ermangelung nach dem internationalen Privatrecht. Der § 73 besagt darüber nichts und insbesondere nicht etwa, daß jedesmal, wenn ein nach § 73 örtlich zuständiges deutsches Gericht existiert, dieses Verrichtungen des Nachlaßgerichts zu übernehmen habe.“ Demgegenüber ist zu bemerken, daß die Zuständigkeit der Gerichte keinen Gegenstand des internationalen Privatrechts bilden kann. Das öffentliche Recht bestimmt den Gerichtsstand. Darum befinden sich auch die einschlägigen Normen nicht im E.G. z. B.G.B., sondern in dem Gesetz über das Verfahren, dem R.F.G. Wenn § 73 R.F.G. bestimmt, welches deutsche Gericht im Einzelfalle zuständig sein soll, so wird damit zugleich verfügt, daß in allen Fällen, in denen hienach ein deutsches Gericht zuständig ist, dieses berechtigt und verpflichtet ist, die Obliegenheiten des Nachlaßgerichtes zu übernehmen. Eine Ausnahme hievon besteht nur — und hierin ist Birkenbihl beizustimmen —, soweit sie durch Staatsverträge begründet wird. Dabei kommen auch die älteren Verträge des Reichs und der Bundesstaaten in Betracht (Art. 56 E.G. z. B.G.G.).

Aber auch wenn es sich um die Beerbung eines Ausländers handelt, sind die deutschen Gerichte zur Erteilung des Erbscheins zuständig, wenn der Erblasser zur Zeit des Erbfalls seinen Wohnsitz oder auch nur seinen Aufenthalt in Deutschland hatte (§ 73 Abs. 1 R.F.G.). Auch in diesen Fällen wird oft die Erleichterung der Legitimation der Erben im Interesse des inländischen Verkehrs liegen; Kollissionen mit der von fremden Staaten beanspruchten Jurisdiktion über ihre Angehörigen sind hier kaum zu befürchten, da im Ausland fast durchweg das forum domicilii anerkannt ist[1]).

Handelt es sich um die Beerbung eines Ausländers, welcher im Inlande z. Z. des Erbfalls weder Wohnsitz noch Aufenthalt hatte, so kann in Ermangelung eines allgemein anerkannten Kompetenzgrundes die Zuständigkeit der deutschen Behörden nicht weiter reichen als ihre thatsächliche Macht. Sie muß sich mithin auf im Inlande befindliche Gegenstände beschränken.

So erklärt sich der Zusammenhang der Vorschriften des § 73 Abs. 3 R.F.G. und des § 2369 B.G.B. Im R.F.G. ist bestimmt, daß die deutschen Gerichte und welche deutschen Gerichte zuständig sein sollen für die Erteilung eines Erbscheins, sobald sich Nachlaßgegenstände im Inlande befinden, auch wenn der Erblasser kein Deutscher ist und zur Zeit des Erbfalls weder Wohnsitz noch Aufenthalt im Deutschen Reiche hatte. Im § 2369 B.G.B. ist vorgeschrieben, daß der in einem solchen Falle zu erteilende Erbschein sich nicht, wie sonst der Erbschein des B.G.B., auf den gesamten Nachlaß erstrecke, sondern nach Inhalt und Wirkungen nur auf die inländischen Nachlaßgegenstände sich beziehe[2]). Aus diesem Zusammenhang der gesetzlichen Be-

---

[1]) F. Boehm, Handbuch der intern. Nachlaßbehandlung, S. 26 f.

[2]) Daß man die Frage der Zuständigkeit in ihrem vollen Umfange dem R.F.G. überlassen wollte, erhellt auch aus Prot. V S. 694

stimmungen folgt, daß § 2369 B.G.B. den einzigen Fall enthält, in welchem das Gesetz — auch hier nur der Not gehorchend — den gegenständlich beschränkten Erbschein zuläßt. Die regelmäßige Form des Erbscheins ist die des allgemeinen Erbscheins. Hieraus erklärt sich auch der inkorrekte Ausdruck in § 2369 Abs. 1: „Gehören zu einer Erbschaft, für die es an einem zur Erteilung des Erbscheins zuständigen deutschen Nachlaßgerichte fehlt, Gegenstände u. s. w." Hier wird geradezu unter „Erbschein" nur der Erbschein in seiner regulären, allgemeinen Form verstanden, denn für die Erteilung des gegenständlich beschränkten Erbscheins fehlt es ja nicht an einem zuständigen Nachlaßgerichte nach § 73 Abs. 3 R.F.G., dessen Bestimmung bei Beratung des B.G.B. schon in Aussicht genommen war [1]).

Es kann daher nicht gebilligt werden, wenn § 42 Abs. 1 der Bekanntmachung des Bayerischen Justizministeriums vom 31. Dezember 1899, das Nachlaßwesen betreffend (Just.-Min.-Bl. 1900 S. 1 ff.), ganz allgemein sagt:

Die Erteilung des Erbscheins kann in Beschränkung

---

a. E., 695. Andererseits geht aus Prot. V S. 693 ff. deutlich hervor, daß man die Vorschrift des § 2369 (Entw. § 2079) deshalb für erforderlich im B.G.B. erachtete, weil das Gesetz sonst nur den allgemeinen, nicht den gegenständlich beschränkten Erbschein kennt.

[1]) Vgl. Prot. V S. 692 bei Antrag 4 und S. 695: „Dagegen fand der Antrag 4 allseitige Zustimmung." Die Fassung der Bestimmung in der 2. Lesung ließ die systematische Stellung des § 2369 (§ 2079 Entw.) deutlicher hervortreten: „Ist ein deutsches Nachlaßgericht zur Erteilung eines Erbscheins für die Erbschaft im ganzen nicht zuständig, so kann in Ansehung der im Inlande befindlichen Gegenstände die Erteilung eines Erbscheins verlangt werden." Die Worte: „für die Erbschaft im ganzen" sind wahrscheinlich in der Redaktionskommission gestrichen worden. Dafür, daß eine sachliche Änderung mit dieser Streichung beabsichtigt gewesen wäre, fehlt jeder Anhalt, auch wäre zu einer solchen die Redaktionskommission nicht in der Lage gewesen. Vgl. Weißler S. 225.

auf bestimmte Nachlaßgegenstände, z. B. nur in Ansehung eines Grundstücks beantragt werden.

Auch das Bayerische Oberste Landesgericht hat im Beschluß vom 29. März 1901 (Sa. II S. 191 ff.) ausgesprochen, es sei dem Erben (sc. auch wenn die Voraussetzungen des § 2369 B.G.B. nicht vorliegen) gestattet, die Erteilung des Erbscheins in Beschränkung auf bestimmte Nachlaßgegenstände, z. B. nur in Ansehung eines Grundstücks, zu beantragen. Wenn aber der angeführte Beschluß zur Begründung dessen lediglich auf die citierte Ministerialbekanntmachung verweist, so muß entgegnet werden, daß in Bayern als Nachlaßgerichte die Amtsgerichte fungieren, und daß diese unabhängig von Anweisungen der Justizverwaltungen entscheiden. Auch befindet sich die Entscheidung des Obersten Landesgerichtes nicht im Einklang mit dem oben in § 2 näher dargelegten und vom Obersten Landesgericht selbst im Beschluß vom 19. April 1901 (Sa. II 222) hervorgehobenen Grundsatz, wonach der Erbschein andere Angaben als die vom Gesetz ausdrücklich vorgeschriebenen, nicht enthalten soll. Der gegenständlich beschränkte Erbschein enthält aber die vom Gesetz nicht allgemein, sondern nur unter den Voraussetzungen des § 2369 zugelassene Angabe, daß der Erbschein nur für gewisse Gegenstände ausgestellt werde. Einen derartigen Inhalt, welcher sich mit dem Grundsatz der Gesamtnachfolge schlecht verträgt und zugleich zu Mißverständnissen Anlaß zu geben geeignet ist, hat das Gesetz nur ausnahmsweise aus besonderen Zweckmäßigkeitsgründen zulassen wollen, ähnlich wie in Art. 9 Abs. 2 E.G. z. B.G.B. für den entsprechenden Ausnahmsfall eine gegenständlich beschränkte Todeserklärung vorgesehen ist[1]).

---

[1]) Der Versuch, im Wege ausdehnender Interpretation des § 2369 B.G.B. dem gegenständlich beschränkten Erbschein allgemeine Geltung zu verschaffen, findet seine Erklärung in partikularrechtlichen Vorschriften der Gebührengesetze. Gewiß ist es unbillig, wenn ein Erbe, der nur zur Verfügung über einen einzelnen Nachlaßgegenstand

Als im Inland befindliche Nachlaßgegenstände gelten nach § 2369 Abs. 2 auch Rechte, über welche von einer deutschen Behörde ein zur Eintragung des Berechtigten bestimmtes Buch oder Register geführt wird. Hierunter fallen nicht nur Rechte an Grundstücken, sondern auch z. B. Patente und Musterschutzrechte. Ein Anspruch gilt als im Inlande befindlich, wenn für die Klage ein deutsches Gericht zuständig ist.

Was die Formulierung des gegenständlich beschränkten Erbscheins betrifft, so ist festzuhalten, daß auch in ihm das Erbrecht, die Gesamtnachfolge in universum jus defuncti, bezeugt wird. Beschränkt ist nicht das beurkundete Recht,

---

eines Erbscheins bedarf, die Gebühr nach Maßgabe des ganzen Nachlaßwertes zu entrichten hat. Allein hier kann nicht durch Erteilung gegenständlich beschränkter Erbscheine, sondern nur innerhalb der Steuergesetzgebung geholfen werden. Den richtigen Weg dürfte m. E. § 81 Abs. 5 des preuß. G.K.G. i. d. F. d. Bek. v. 6. X. 99 einschlagen:

> Wird dem Nachlaßgerichte glaubhaft gemacht, daß der Erbschein nur zur Verfügung über ein Grundstück oder ein im Grundbuch eingetragenes Recht gebraucht werde, und wird beantragt, die Ausfertigung des Erbscheins dem Grundbuchamte zur Aufbewahrung bei dessen Akten zu übersenden, so wird die im Abs. 1 Satz 1 bestimmte Gebühr nur nach dem Werte des Gegenstandes, über den verfügt werden soll, berechnet. Wird demnächst die Erteilung einer Ausfertigung oder einer Abschrift des Erbscheins beantragt, so hat der Antragsteller die nach dem Wert des reinen Nachlasses berechnete Gebühr des Abs. 1 S. 1 nach Abzug des bereits bezahlten Betrags nachzuentrichten.

Bei der Beratung des Gesetzes hat die preuß. Regierung nachdrücklich den Standpunkt vertreten, daß die Ausstellung eines gegenständlich beschränkten Erbscheins — abgesehen von § 2369 — unzulässig sei. Vgl. Mügel, Die preuß. Kostenges. S. 243 f. Auch der Gesetz gewordenen Fassung, die einem Antrag aus dem Plenum des Abgeordnetenhauses entstammt, widersprach der Justizminister, weil die bloße Existenz des Erbscheins genüge, um den Erben zur Verfügung über alle Nachlaßgegenstände zu legitimieren, und die Existenz durch Einsicht der Grundbuchakten festgestellt werden könne.

sondern die Geltung der Beurkundung. Man wird also am besten dem gegenständlich beschränkten Erbscheine denselben Inhalt geben, wie einem anderen, jedoch etwa folgende Klausel hinzufügen: dieser Erbschein gilt nur bezüglich der im Deutschen Reiche befindlichen Nachlaßgegenstände. Eine Aufzählung dieser Nachlaßgegenstände verbietet sich, da es nicht Aufgabe des Erbscheins sein kann, über den Bestand des Nachlasses Aufschluß zu geben[1]).

B. Die örtliche Zuständigkeit der einzelnen deutschen Nachlaßgerichte.

Es bleibt noch die Frage zu beantworten, welches deutsche Gericht im einzelnen Fall den Erbschein zu erteilen hat.

Maßgebend ist hiefür, mag der Erblasser ein Deutscher oder ein Ausländer gewesen sein, zunächst der (inländische) Wohnsitz, in zweiter Linie der (inländische) Aufenthalt des Erblassers zur Zeit des Erbfalls (§ 73 Abs. 1 R.F.G.).

Ist der Erblasser ein Deutscher, so muß, wie schon bemerkt wurde, unter allen Umständen ein deutsches Nachlaßgericht für die Nachlaßbehandlung zuständig sein. In Ermangelung eines inländischen Wohnsitzes oder Aufenthaltes zur Zeit des Erbfalls ist daher der letzte inländische Wohnsitz für maßgebend erklärt. Hat der Erblasser nie seinen Wohnsitz im Inlande gehabt oder ist ein inländischer Wohnsitz nicht zu ermitteln[2]), so wird das zuständige Nachlaß-

[1]) Das der Bayer. Justizministerialbek. v. 31. XII. 99 beigegebene Formular V a („Es wird hiemit bezeugt, daß das Wohnhaus Plannummer . . . auf Grund Gesetzes im Erbwege von dem . . . auf den . . . übergegangen ist u. s. w.") bekundet zweierlei: 1. daß der angegebene Erbe den angegebenen Erblasser beerbt habe, und 2., daß zum Nachlaß das bezeichnete Wohnhaus gehöre. In letzterer Hinsicht ist das Nachlaßgericht zur Beurkundung nicht berufen; wenn die im Erbschein aufgeführten Gegenstände nicht zum Nachlaß gehören, was z. B. bei Forderungen leicht vorkommen kann, so sieht sich der dritte Erwerber in seinem Vertrauen auf den Erbschein getäuscht.

[2]) J. Boehm, Erbrecht S. 10.

gericht, falls der Erblasser zur Zeit des Erbfalls einem Bundesstaat angehörte, von der Landesjustizverwaltung, anderenfalls von dem Reichskanzler bestimmt (§ 73 Abs. 2 R.F.G.).

Handelt es sich um die Erteilung eines gegenständlich beschränkten Erbscheins (also eines Erbscheins nach einem Ausländer, welcher zur Zeit des Erbfalls im Inlande weder Wohnsitz noch Aufenthalt hatte), so ist jedes Gericht, in dessen Bezirke sich Nachlaßgegenstände befinden, in Ansehung aller im Inlande befindlichen Nachlaßgegenstände zuständig (§ 73 Abs. 3 R.F.G.).

Unter mehreren zuständigen Gerichten gebührt nach § 4 R.F.G. demjenigen der Vorzug, welches zuerst in der Sache thätig geworden ist. Zu beachten ist aber, daß nach § 7 R.F.G. gerichtliche Handlungen nicht aus dem Grunde unwirksam sind, weil sie von einem örtlich unzuständigen Gericht vorgenommen sind.

Um die Erteilung eines Erbscheins für den Erben kann das Nachlaßgericht nicht ein anderes Amtsgericht nach § 2 R.F.G. ersuchen; denn die Entscheidung der Sache selbst kann nicht im Wege der Rechtshilfe einem sonst unzuständigen Gerichte übertragen werden[1]).

Was die zur Wahl gestellte Zuständigkeit der Notare zur Entgegennahme der eidesstattlichen Versicherung anlangt, so sind hier nicht etwa die sonstigen landesrechtlichen Zuständigkeitsvorschriften maßgebend, sondern jeder deutsche Notar ist kraft Reichsrechts zuständig[2]).

§ 4.

Das Antragsrecht und seine Ausübung.

Die erhöhte Rechtssicherheit, welche der gerichtlichen Legitimation des Erben entspringt, würde den Gedanken

---

[1]) So mit Recht O.L.G. Jena 28. III. 00 in Rspr. d. L.O.G. I S. 194 f.

[2]) Arg. § 2356 Abs. II („vor einem Notar“).

nahe legen, den Erbschein obligatorisch zu machen. Das B.G.B. hat es aber aus guten Gründen abgelehnt, vorzuschreiben, daß jeder Erbe sein Erbrecht dem Nachlaßgerichte darthun müsse und über den erfolgten Nachweis eine Bescheinigung des Gerichts nachzusuchen habe. Eine solche Vorschrift würde dem Publikum wie den Gerichten ohne zwingenden Grund eine schwere Last aufbürden.

Ähnliche Bedenken sprechen auch dagegen, jedem Dritten (insbesondere dem Nachlaßschuldner), die Befugnis zu erteilen, auf Vorlegung des Erbscheins zu bestehen. Auch könnte der Erbe hiedurch in eine mißliche Lage kommen, da ihm alsdann bei Versagung des Erbscheins auch der Nachweis seines Rechts mit den Mitteln des Civilprozesses verschlossen wäre. Wäre der Erbschein Zwang, so würde er keine Verkehrserleichterung, sondern eine Verkehrserschwerung darstellen[1]). Geschützt wird der Nachlaßschuldner durch die Bestimmung des § 94 C.P.O., wonach der Erbe die Prozeßkosten zu tragen hat, wenn er nicht vor der Klageerhebung dem Schuldner die eingetretene Rechtsnachfolge mitgeteilt und auf Verlangen nachgewiesen hat.

Einen gewissen Zwang enthält, wenn Grundstücke zum Nachlasse gehören, der unten in § 6 zu besprechende § 36 G.B.O. Immerhin handelt es sich hiebei nur um eine Voraussetzung der vom Erben etwa erstrebten Eintragung, nicht um eine vom Gesetz dem Erben auferlegte Verpflichtung[2]).

---

[1]) So R.G. 19. IX. 1900 (Gruchots Beiträge 1901 S. 1036); Mot. V S. 568, Prot. V S. 686 f.

[2]) Erheblich weiter gehen das Koburg-Gothaische Gesetz über die freiw. Gerichtsbkt. und das Schwarzb.-Rudolstädtische Ges. z. A. d. R.F.G. Diese bestimmen in Art. 23 bezw. 25, daß das Amtsgericht, wenn zum Nachlaß Grundstücke gehören, den Erben „anzuhalten" hat, die für die Erteilung des Erbscheins bezüglich der Erbschaftsgrundstücke erforderlichen Angaben zu machen und die vorgeschriebenen Nachweise zu liefern. Das Amtsgericht hat dann unter Übersendung des

Antragsberechtigt ist der Erbe, und zwar jeder Erbe, mag sein Erbrecht sich auf die gesetzliche Folgeordnung oder auf Testament oder Erbvertrag gründen (§ 2353).

Der Entwurf zum B.G.B. (§ 2068) hatte im Anschluß an das preuß. Gesetz vom 12. März 1869 und an die Gesetzgebung der meisten anderen Bundesstaaten nur dem gesetzlichen Erben das Antragsrecht eingeräumt. Die Motive (V S. 558) machen für diese Beschränkung geltend, es bestehe in der Regel kein Bedürfnis für die Ausstellung eines Erbscheines neben einer Verfügung von Todeswegen. Auch würde dem Nachlaßgericht, das auf Grund einer Verfügung von Todeswegen den Erbschein auszustellen hätte, die Auslegung jener Verfügung zugemutet und damit „eine Art provisorische Entscheidung mit weitgreifenden, das materielle Recht möglicherweise schwer beeinträchtigenden Wirkungen“. Mit Recht ist man hiebei nicht stehen geblieben[1]). Die Vorlegung eines Testaments bietet keine Gewähr, daß das-

Erbscheins und der im § 36 B.G.O. bestimmten Zeugnisse das Grundbuchamt um die Eintragung des Erben an dessen Stelle zu ersuchen. Auf Antrag kann das Verfahren auf einige Jahre ausgesetzt werden. Die Anordnungen des Nachlaßgerichts können nach Art. 2 des Sächs.-Kob.-Goth.-Ges. und Art. 12 des Schw.-Rud.-Ges. durch Geldstrafen erzwungen werden.

Dieses Verfahren dürfte dem Reichsrecht widersprechen. Nach § 2353 B.G.B. ist der Erbschein nur auf Antrag zu erteilen, nicht von Amtswegen. Durch Landesgesetz können zwar die Vorschriften des R.F.G. ergänzt werden (§ 200 R.F.G.). Allein jedes Zwangsverfahren setzt eine materielle Rechtspflicht voraus, und für diese wäre der Platz ausschließlich im B.G.B. Jene landesrechtlichen Bestimmungen sind nur scheinbar Verfahrensvorschriften, in Wahrheit wollen sie eine dem B.G.B. unbekannte Rechtspflicht zur Beantragung des Erbscheins einführen.

[1]) In der Litteratur wird fast allgemein die Ausdehnung des Antragsrechtes auf den eingesetzten Erben gebilligt; vgl. z. B. Eichhorn in Gruchots Beiträgen 1901 S. 226. Bedenken hat meines Wissens nur Rüger im Sächs. Arch. f. B. R. IX S. 497 ff. geäußert, übrigens ohne neue Gesichtspunkte beizubringen.

selbe nicht durch eine spätere Verfügung von Todeswegen aufgehoben ist. Die Untersuchung der Formgiltigkeit und die Auslegung einer Verfügung von Todeswegen setzen eine Rechtskunde voraus, die dem Laien in der Regel nicht zugemutet werden kann¹).

Es sprechen daher gewichtige Zweckmäßigkeitsgründe dafür, auch dem eingesetzten Erben die Möglichkeit der Legitimation durch Erbschein zu gewähren, und mit Recht hat das Gesetz diesen Erwägungen Rechnung getragen und sich frei gemacht von der Scheu, dem Nachlaßgericht auch die Auslegung letztwilliger Verfügungen so gut wie die Beurteilung anderer Rechtsfragen anzuvertrauen.

Auch der Fiskus als gesetzlicher Erbe kann, nachdem sein Erbrecht festgestellt ist (§ 1964 B.G.B.), die Erteilung eines Erbscheins verlangen²). Der Entwurf sagte dies ausdrücklich. Die betreffende Bestimmung (§ 2067 E. I) wurde in der Redaktionskommission gestrichen, aber damit ist selbstverständlich das aus der allgemeinen Vorschrift des § 2353 sich ergebende Antragsrecht des Fiskus nicht beseitigt worden. Dasselbe ist auch nicht überflüssig, da die Feststellung des Erbrechts nach § 1964 die Rechtswirkungen eines Erbscheins nicht ersetzen kann³).

Der Nacherbe kann zwar die Ausstellung eines Erbscheins nach dem Erblasser beantragen, aber erst nach Eintritt des Falles der Nacherbfolge; denn erst mit diesem Zeitpunkte wird er Erbe (§ 2139)⁴).

---

¹) Prot. V S. 671. — Die Einführung des privatschriftlichen Testaments verleiht den dort ausgeführten Gründen, die oben in der Hauptsache wiedergegeben sind, nachträglich noch erhöhte Bedeutung.

²) Prot. VI S. 358.

³) Weißler S. 246f., siehe auch unten § 6.

⁴) Auch wenn die Nacherbfolge mit dem Tode des Vorerben eintritt, richtet sich die Zuständigkeit des Nachlaßgerichts für Erteilung des Erbscheins an den Nacherben nicht nach dem Wohnsitz bezw. Aufenthalt des Vorerben, sondern des Erblassers.

Erben mehrere Personen gemeinsam, so ist jeder einzelne Miterbe antragsberechtigt und zwar hat der Miterbe die Wahl zwischen dem anteiligen und dem gemeinschaftlichen Erbschein (s. oben S. 13).

Das Antragsrecht geht auf den Erben des Erben über, jedenfalls dann, wenn das Recht zur Ausschlagung der Erbschaft noch nicht verloren gegangen war, denn solange mindestens erhält sich in der Hand des zweiten Erben das seinem Erblasser angefallene Erbrecht als selbständiges Recht neben den zu den Nachlässen des Erblassers und dessen Erblassers gehörigen Einzelrechten. Ein Bedürfnis für den Übergang des Antragsrechtes besteht namentlich dann, wenn ein Grundstück zum Nachlaß des ersten Erblassers gehört und der ihn beerbende zweite Erblasser noch nicht um einen Erbschein nachgesucht hatte[1]).

Was den Fall des Erbschaftskaufes anlangt, so bezeichnen Wilke (Anm. 5 zu § 2353) und im Anschluß an ihn Eichhorn (a. a. O. S. 227) den Erbschaftskäufer als antragsberechtigt, ohne zwischen dem Kaufe der Erbschaft und dem eines Erbteils zu unterscheiden. Allein nur die Übertragung eines Erbteils nach § 2033 B.G.B. verschafft dem Käufer die Rechtsstellung des Erben und damit auch dessen Antragsrecht. Wer dem Alleinerben die Erbschaft abkauft, erwirbt nur ein obligatorisches Recht auf Übertragung der Nachlaßgegenstände. Das Erbrecht verbleibt dem Verkäufer[2]). Dieser ist allerdings dem Käufer gegenüber verpflichtet, den Erbschein zu beantragen (arg. § 444 B.G.B.).

Das Antragsrecht steht, wie erörtert, jedem Erben zu; andererseits steht es nur dem Erben zu (§ 2353)[3]). Das

---

[1]) Vgl. R.G. v. 25. VI. 83 in Johow IV S. 48 f. (nach preuß. Recht.).

[2]) K.G. 17. VI. 01 in Entsch. R.J.A. II S. 163 ff.

[3]) Jacubetzky im „Recht" 1901 S. 575 f. — Unrichtig Wilke Anm. 5 zu § 2353; durch die §§ 792, 896 C.P.O. wird nicht ein eigenes Antragsrecht des Gläubigers begründet, sondern dem Gläubiger

Antragsrecht ergibt sich unmittelbar aus dem Erbrecht; es stellt sich dar als ein subjektives öffentliches Recht, welches zum Schutze und zur leichteren Geltendmachung des Rechtes auf den Nachlaß (des Erbrechts) geschaffen ist. Das Antragsrecht des Erben gehört mithin in den Kreis jener publicistischen Schutzrechte, deren wichtigstes — nicht einziges — der civilprozessualische Rechtsschutzanspruch ist. Objekt des Schutzes ist (wie beim Erbschaftsanspruch des § 2018) das Erbrecht als Gesamtrecht in seinem vermögensrechtlichen Gehalt; nach der Art des gewährten Schutzes durch das Mittel der Bezeugung zu öffentlichem Glauben entspricht das Antragsrecht des Erben dem in § 13 Abs. 2 G.B.O. gewährten Eintragungsanspruch.

Das Gesetz macht das Antragsrecht des Erben nicht abhängig von einem konkreten Rechtsschutzbedürfnis (vgl. dagegen bezüglich der Ausübungsbefugnis des Gläubigers §§ 792, 896 C.P.O. verb. „bedarf"). Auch wenn die Erbschaft keine Rechte enthält, zu deren Geltendmachung ein Erbschein erforderlich ist, ja selbst wenn es an einer Nachlaßmasse gänzlich fehlt, muß dem Erben auf Antrag der Erbschein erteilt werden[1].

Die Ausübung des Antragsrechtes kann einem gesetzlichen Vertreter an Stelle des Erben zustehen. Darin liegt an sich keine Besonderheit. Doch ist bezüglich mehrerer

wird das Recht des Erben zur Ausübung überwiesen (s. unten). Auch daß nach § 85 R.F.G. jeder antragsberechtigt sei, der ein rechtliches Interesse glaubhaft macht, ist unrichtig. § 85 R.F.G. regelt nur die Voraussetzungen, unter denen die Erteilung einer Ausfertigung verlangt werden kann; eine Ausfertigung setzt aber das Vorhandensein eines Originals stets voraus.

[1]) So mit Recht Landg. Hamburg 5. V. 00 (Hans. G.-Z. 1900 S. 160, hier citiert nach Sörgel, Rspr. 1900/1, S. 245). — Wird neben einem Zeugnis über fortgesetzte Gütergemeinschaft (§ 1507) die Erteilung eines Erbscheins beantragt, so kann das Nachlaßgericht nicht den Nachweis verlangen, daß Vorbehaltsgut oder Sondergut des Verstorbenen vorhanden sei.

praktisch wichtiger Rechtsverhältnisse bestritten, ob sie als gesetzliche Vertretung aufzufassen sind. In Betracht kommen die Verwaltungsrechte des Nachlaßpflegers und Nachlaßverwalters, des Nachlaßkonkursverwalters, des Testamentsvollstreckers, des Ehemanns[1].

Eine Erörterung der Frage, wie diese Verwaltungsrechte zu konstruieren sind, läßt sich nicht umgehen. Denn das Antragsrecht des Erben wurzelt unmittelbar im Erbrecht; die Befugnis zur Ausübung des Antragsrechtes kann somit nur aus der Person des Erben hergeleitet werden[2].

---

[1]) Der Streit ist seither namentlich darüber geführt worden, ob während der Dauer einer Nachlaßverwaltung oder des Nachlaßkonkurses ein Erbschein verlangt werden könne. In dieser Fassung hat Voß (Gruchots Beiträge Bd. 43 S. 664) die Frage aufgeworfen und verneint, weil das Gericht dem in Wahrheit zur Verfügung nicht berechtigten Erben nicht eine Legitimation zur Verfügung über den Nachlaß in die Hand geben dürfe. Demgegenüber weist Boehm (Gruchots Beiträge Bd. 43 S. 831) darauf hin, daß in Ermangelung einer besonderen Gesetzesvorschrift eine Ausnahme für den Fall der Nachlaßverwaltung und des Nachlaßkonkurses nicht gemacht werden dürfe. Auch Wilke Anm. 6 zu § 2353 und Strohal S. 373 Anm. 5 halten die Erteilung des Erbscheins trotz Nachlaßverwaltung oder -Konkurs — für zulässig, wobei ersterer auf die (immerhin recht exceptionellen) Fälle hinweist, in denen der Erbe selbst während der Nachlaßverwaltung oder des Nachlaßkonkurses eines Erbscheins bedürfen könne, während Strohal das unleugbare Bedürfnis des Verwalters (z. B. nach § 36 G.B.O.) betont. Der Streit bewegt sich m. E. auf falscher Bahn. Dafür, daß während des Nachlaßkonkurses oder der Nachlaßverwaltung die Erteilung eines Erbscheins überhaupt unzulässig sei, ist ein Grund schlechterdings nicht zu finden. Die Frage ist aber, wer in diesen Fällen zur Stellung des Antrags befugt ist, der Erbe oder der Verwalter. Zu dem von Voß a. a. O. geäußerten Bedenken vgl. oben S. 19.

[2]) Verfehlt sind daher die Ausführungen des Kammergerichts im Beschluß vom 17. VI. 01 (Entsch. R.J.A. II S. 163), in denen die Frage, ob der Testamentsvollstrecker antragsberechtigt sei, bejaht wird mit der Bemerkung: „Die Bejahung der Frage ergibt sich aus dem Gesetz, ohne daß es einer Entscheidung des Streites darüber bedarf,

Die gesetzliche Vertretung wird herkömmlicherweise in der Lehre von den Rechtsgeschäften, im Anschluß an die gewillkürte Vertretung, behandelt. Diese systematische Eingliederung verschleiert die wahre Bedeutung des Institutes. Auszugehen ist vielmehr vom Begriffe des subjektiven Rechtes. Dieses enthält nach der richtigen und zur Zeit wohl herrschenden Ansicht zwei Elemente: Willensmacht und Interesse. Ein subjektives Recht einer Person entsteht, wenn das Gesetz, um ein besonderes Interesse derselben zu schützen, ihr eine bestimmte Willensmacht, einen Kreis von Befugnissen zuerkennt [1]). Die Ausübung eines Rechts setzt eine Willensbethätigung voraus. Das Gesetz gibt nun aber Rechte auch solchen Personen, deren Willen es nicht anerkennt, und es beläßt aus Gründen der juristischen Technik entstandene Rechte dem Berechtigten, auch wenn es die aus dem Rechte fließenden Befugnisse zeitweise in den Dienst der Interessen dritter Personen stellen will oder sonst Grund hat, dem Berechtigten die Einwirkung auf sein Recht zeitweise zu entziehen. In jedem solchen Falle entsteht die Notwendigkeit

ob der Testamentsvollstrecker gesetzlicher Vertreter der Erben (Mot. V S. 236) . . . ist'. (Die vom K.G. sodann gegebene Begründung wird von Jacubetzky im „Recht" 1901 S. 575 f. treffend widerlegt.) — — Wenn im Text gesagt ist, daß nur aus der Befugnis gesetzlicher Vertretung das Antragsrecht des Erben abgeleitet werden kann, so folgt hieraus noch nicht, daß jeder gesetzliche Vertreter das Antragsrecht ausüben dürfe. Vielmehr bedarf es, wenn die im Text bezeichneten Personen als gesetzliche Vertreter aufgefaßt werden, immer noch der Prüfung, ob der Umfang der Vertretungsmacht ein solcher ist, daß sie auch das Antragsrecht des Erben ergreift.

[1]) Die Erörterung über den Begriff des subj. Rechts schließt sich besonders an die Darstellung von Regelsberger, Pandekten § 76 und Merkel, Encyklopädie §§ 159 ff. an. Gegen die einseitige Betonung des Willensmoments: Jhering, Geist des röm. R. III §§ 60 f.; die entgegengesetzte Einseitigkeit Jherings bekämpft unter Anderen gut Thon, Rechtsnorm u. subj. Recht S. 113, S. 177 u. sonst. Im übrigen vgl. die Litteraturangaben bei Windscheid I § 37.

einer Ergänzung der Rechtspersönlichkeit des Berechtigten durch einen gesetzlichen Vertreter, dessen Wille innerhalb der Grenzen der gesetzlichen Vertretungsmacht an die Stelle des Willens des Berechtigten tritt.

Gesetzliche Vertretung liegt also stets vor, wenn kraft Gesetzes eine andere Person als der Berechtigte zur Ausübung eines Rechtes berufen ist[1]). Denn ohne den Begriff der gesetzlichen Vertretung läßt sich eine solche Rechtslage nicht erklären[2]).

Wenn Lippmann (Rechtsstellung des Konkursverwalters, in Iherings Jahrb. Bd. 41 S. 121) behauptet, wer ein dingliches Recht an fremder Sache habe, der übe Befugnisse des Eigentümers aus und sei doch nicht gesetzlicher Vertreter, so liegt diesem Einwande eine falsche Vorstellung vom Wesen des dinglichen Rechtes an fremder Sache zu Grunde. Denn dieses entsteht dadurch, daß aus dem Eigentum einzelne Befugnisse ausgeschieden und in der Person eines anderen zu einem neuen, besonderen Rechte vereinigt werden; es handelt sich somit um konstitutive Nachfolge in ein Recht, nicht um Ausübung von Befugnissen, welche dem Rechte nach noch dem Eigentümer zustehen.

---

[1]) Die Begriffsbestimmung im Text lehnt sich an die von Jäger, Kommentar z. K.O. S. 62, gegebene an. Nur halte ich nicht für wesentlich, daß die Ausübung der fremden Rechte auch in fremdem Interesse erfolge.

[2]) Der enge Zusammenhang zwischen den Begriffen des subj. Rechts und der gesetzl. Vertretung muß von allen anerkannt werden, welche am Willen als der Grundlage des subj. Rechts festhalten. Jedoch wird dieser Zusammenhang meist (vgl. z. B. Gierke, D. Pr.R. § 27) dazu benützt, um durch das Institut der gesetzlichen Vertretung die Rechtsfähigkeit der Willensunfähigen zu erklären. Und doch dürfte kaum zu bezweifeln sein, daß die Rechtsfähigkeit der Kinder dem juristischen Denken so vertraut ist, daß sie einer besonderen Erklärung weit weniger bedarf, als der Begriff der gesetzlichen Vertretung (vgl. auch Merkel, Encyklopädie §§ 171 ff.).

Die hier vertretene Definition des Begriffs der gesetzlichen Vertretung geht bedeutend weiter als die übliche. Man pflegt sonst gesetzliche Vertretung nur anzunehmen, wenn die Rechtsausübung im Interesse des Berechtigten, oder doch wenigstens nicht im Interesse des Ausübenden selbst erfolgt[1]). Diese Einengung des Begriffes hängt damit zusammen, daß die gesetzliche Vertretung in den Lehrbüchern des Civilrechts meist als Anhängsel der gewillkürten behandelt ist. Bei dieser Nebeneinanderstellung der beiden Institute wird übersehen, daß sich die beiden Arten von Stellvertretung nur berühren, soweit Vertretung bei Vornahme von Rechtsgeschäften und anderen Rechtshandlungen in Frage steht. Denn nur kraft Gesetzes, nicht durch Privatwillkür kann eine Vertretung in der Ausübung von Rechten stattfinden; nur das Gesetz selbst kann die Rechtslage schaffen, daß die aus einem subjektiven Recht sich ergebende Willensmacht einem Anderen zusteht als dem Berechtigten. Ermächtige ich einen Anderen über meine Sache zu verfügen, so steht es mir, auch wenn die Vollmacht ausnahmsweise unwiderruflich ist, immer noch frei, selbst über die Sache zu verfügen (§ 137 B.G.B.). Steht dagegen die Ausübung meines Rechtes an der Sache meinem gesetzlichen Vertreter zu, so kann ich nicht über die Sache verfügen. Indem man die tiefgehenden Unterschiede zwischen gesetzlicher und gewillkürter Vertretung nicht genügend würdigte, hat man sich daran gewöhnt, Dinge als wesentliche Merkmale jeder Vertretung anzusehen, die nur in den Besonderheiten der gewillkürten Vertretung ihren Grund haben. Wer

---

[1]) Vgl. z. B. neuerdings Lippmann a. a. O.: „Eine Vertretung, auf deren Anordnung und Aufhebung der Vertretene keinen Einfluß hat, und die auch nicht im Interesse des Vertretenen, sondern in dem eines Dritten geführt wird, kann es überhaupt nicht geben." Dagegen ist zunächst zu bemerken, daß auf die Anordnung nnd Aufhebung einer gesetzlichen Vertretung der Vertretene nie Einfluß hat; im übrigen s. Text.

durch eigene Willensentschließung sich einen Vertreter ernennt, verfolgt damit regelmäßig ausschließlich sein eigenes Interesse und darum ist einerseits der Bestand der Vertretung von seinem Willen abhängig, andererseits muß der Vertreter bei seiner Geschäftsführung sich nach dem Willen, eventuell dem Interesse des Vertretenen richten. Das B.G.B. hat aber selbst für die gewillkürte Vertretung anerkannt, daß dieselbe ausnahmsweise auch im fremden Interesse geschaffen sein kann, und es bestimmt ausdrücklich, daß in solchen Fällen der Wille des Vertretenen ohne Einfluß auf den Bestand der Stellvertretung ist (§ 168 verb. „sofern sich nicht u. s. w."; § 176 Abs. 3; vgl. Prot. I S. 144 f.). Umsomehr muß für die vom Willen des Vertretenen unabhängige gesetzliche Stellvertretung gelten, daß sie nicht notwendig im Interesse des Vertretenen stattzufinden braucht. Der Begriff der Vertretung ist eben ein rein formaler, der über das innere Rechtsverhältnis zwischen Vertreter und Vertretenen noch keinerlei Auskunft gibt[1]).

Dem gesetzlichen Vertreter schreibt nicht der Wille eines Beteiligten, sondern nur das Gesetz die Richtung seiner Thätigkeit vor. Diese seine Unabhängigkeit den Interessenten gegenüber wird treffend ausgedrückt durch die Formel, der gesetzliche Vertreter bekleide ein „Amt" (z. B. das Amt eines Vormunds). Keineswegs aber schließt der Begriff des Amts den der Vertretung aus oder macht ihn überflüssig. Der Amtsbegriff erklärt den Grund, der Vertretungsbegriff

[1]) Ebenso wenig enthält der Begriff der gesetzlichen Vertretung eine Aussage über den Umfang der Vertretungsmacht; daher ist unrichtig die Bemerkung der Mot. IV S. 1084 f. „Aus dem Begriff des gesetzl. Vertreters im Sinne des G.B. ergibt sich ferner, daß die Vertretungsmacht des Vormundes an sich eine unbeschränkte ist." Dies ergibt sich aus der besonderen Aufgabe des Vormundes, nicht aus dem Begriff der gesetzlichen Vertretung; der nur für einzelne Angelegenheiten bestellte Pfleger (§ 1909 B.G.B.) ist ebenso gut gesetzl. Vertreter wie der Vormund.

den Inhalt und die Rechtswirkungen der Thätigkeit des gesetzlichen Vertreters [1]) [2]).

Hienach bedarf es keiner Einzelausführungen, daß der Nachlaßpfleger, der Nachlaßverwalter, der Nachlaßkonkursverwalter und der Testamentsvollstrecker gesetzliche Vertreter des Erben sind, weil und insoweit sie dem Erben zustehende Rechte ausüben und durch ihre Rechtshandlungen Verbindlichkeiten begründen können, deren Schuldner der Erbe ist.

Das B.G.B. will den Nachlaßpfleger und Nachlaßverwalter zweifellos als Vertreter des Erben aufgefaßt wissen (§§ 1960, 1975, 1915, 1793). Was den Nachlaßkonkursverwalter betrifft, so ist seine Rechtsstellung der des Nachlaßverwalters so nahe verwandt, daß eine verschiedene Konstruktion beider Rechtsverhältnisse äußerst mißlich wäre. Der Testamentsvollstrecker war in § 1903 Entwurf I geradezu als gesetzlicher Vertreter des Erben bezeichnet. Bei der zweiten Lesung entschloß man sich, die Entscheidung der Frage der Wissenschaft zu überlassen (Prot. V S. 289). Die sachliche Regelung der Befugnisse des Testamentsvollstreckers (§§ 2205, 2206, 2211, 2212) läßt keinen Zweifel, daß

---

[1]) Das Wesentliche der gesetzlichen Vertretung liegt also in der Ausübung fremder Rechte. Daneben steht regelmäßig, aber nicht immer auch dem gesetzlichen Vertreter jene Befugnis zu, Rechtsgeschäfte mit unmittelbarer Wirkung für den Vertretenen vorzunehmen, in welcher Befugnis sich die Vertretungsmacht eines Bevollmächtigten erschöpft. Vertretungsmacht zur Vornahme von Rechtsgeschäften hat der gesetzliche Vertreter insbesondere dann, wenn er ganze Vermögenskomplexe zu verwalten hat. Denn eine solche Verwaltung kann zweckmäßig nicht geführt werden, ohne die Befugnis, den Träger der verwalteten Rechte durch Rechtshandlungen zu verpflichten.

[2]) Das Gesetz kann die Vertretungsmacht dem Vertreter auch zu seinem eigenen Nutzen geben. Auf solche Vertretung im eigenen Interesse paßt die Bezeichnung „Amt" nicht. Der Begriff der gesetzlichen Vertretung zu eigenem Nutzen ist namentlich von Wert für die Konstruktion des Verwaltungsrechtes des Ehemannes.

der Testamentsvollstrecker Rechte der Erben auszuüben hat und Rechtshandlungen mit unmittelbarer Wirkung für dieselben vornehmen kann.

Auch der Ehemann handelt bei Verwaltung des eingebrachten Gutes seiner Frau als deren gesetzlicher Vertreter. Bei Gütergemeinschaft ist er das Haupt der Gemeinschaft und, da diese nicht juristische Person ist, so handelt er bei Verwaltung des gemeinschaftlichen Vermögens gleichzeitig für sich und als Vertreter seiner Frau [1]).

In allen vorstehend erörterten Fällen handelt es sich nicht um eine die ganze Privatrechtssphäre des Erben umfassende gesetzliche Vertretung des Erben. Daher bleibt noch zu prüfen, ob die jeweilige Vertretungsmacht sich auf das Recht des Erben, die Erteilung eines Erbscheins zu verlangen, erstreckt. Für die Entscheidung dieser Frage ist davon auszugehen, daß der Erbschein die Aufgabe hat, die

---

[1]) Die Streitfrage über den Begriff der gesetzlichen Vertretung wird meist gelegentlich der Erörterung der Rechtsstellung des Konkursverwalters und des Testamentsvollstreckers behandelt, obgleich nicht die Subsumtion dieser Institute unter den Begriff der gesetzlichen Vertretung, sondern eben dieser letzterer Begriff selbst strittig ist. — Vgl. bezügl. des Konkursverwalters: Jäger, Kommentar S. 61 ff. und die dort angeführte Litteratur, ferner neuerdings Lippmann in Iherings Jahrbüchern Bd. 41 S. 112 ff. und Strohal, Erbrecht S. 476 Anm. 26; bezügl. des Nachlaßverwalters: Planck, Komm. Bd. V S. 87, Strohal S. 476 Anm. 25, Weißler S. 300 f.; bezügl. des Testamentsvollstreckers: Jäger, Erbenhaftung und Nachlaßkonkurs S. 40, Weißler S. 176 ff., Strohal S. 163 f. und die von Strohal zu § 40 angeführte Litteratur. Strohal selbst vertritt die Anschauung, daß der Testamentsvollstrecker in eigenem Namen handle; daraus würde sich ergeben, daß für die Kosten eines von ihm geführten Rechtsstreites über einen Nachlaßgegenstand (§ 2212) trotz § 2206 nicht der Nachlaß, sondern der Testamentsvollstrecker persönlich haften würde. — Den Ehemann betrachtet als gesetzlichen Vertreter Voß a. a. O. S. 667; hiegegen (ohne Grundangabe) Weißler § 209. Planck Anm. 3b β zu § 2353 hält den Ehemann und den Testamentsvollstrecker, nicht aber den Nachlaßverwalter und -konkursverwalter für antragsbefugt.

Geltendmachung der Nachlaßrechte zu erleichtern. Hat das Gesetz die Verwaltung des Nachlasses im ganzen einem Vertreter des Erben übertragen, so muß angenommen werden, daß es auch die im Interesse erleichterter Verwaltung geschaffenen Rechtsbehelfe ihm zur Ausübung überläßt [1]).

Dem Nachlaßverwalter, sowie dem Nachlaßkonkursverwalter untersteht der Nachlaß als Ganzes [2]). Es darf daher unbedenklich angenommen werden, daß ihre gesetzliche Vertretungsmacht das Antragsrecht des Erben umfaßt. Dasselbe gilt bezüglich des Testamentsvollstreckers, wenn seine Befugnisse nicht vom Erblasser eingeschränkt sind (§§ 2205, 2208). In letzterem Falle bedarf es der Prüfung, ob der Verwaltung des Testamentsvollstreckers immerhin noch der Nachlaß als Ganzes oder aber nur einzelne Gegenstände desselben unterliegen sollen [3]).

---

[1]) Die Frage ist für den Erbschaftsanspruch ebenso wie für das Recht auf Erteilung eines Erbscheins zu beantworten. In beiden Fällen handelt es sich um Rechtsschutzansprüche, welche quoad jus nur dem Erben zustehen und welche die erleichterte Geltendmachung der Nachlaßrechte bezwecken.

[2]) Die Ausnahmen, welche § 1 K.O. hinsichtlich des Nachlaßkonkurses begründet, ändern nichts daran, daß der Nachlaß als Ganzes in die Verwaltung des Nachlaßkonkursverwalters gelangt. Für die hier zu behandelnde Frage sind jene Ausnahmen auch praktisch von geringer Bedeutung. Es ist daher nicht überzeugend, wenn Wilke Anm. 6 zu § 2353 auf die §§ 1, 9 der K.O. verweist, um darzuthun, daß der Erbe selbst auch im Falle der Nachlaßverwaltung oder des Nachlaßkonkurses eines Erbscheins bedürfe. — Hinsichtlich des Nachlaßkonkurses kommt auch in Betracht, daß — wie unten näher auszuführen ist — die §§ 792, 896 C.P.O. jeden einzelnen Vollstreckungsgläubiger, der eines Erbscheins zur Zwangsvollstreckung gegen den Schuldner und Erben bedarf, ermächtigen, den Erbschein an Stelle des Schuldners zu beantragen. Das Gesetz weist dem Konkursverwalter im Interesse der Gläubigergesamtheit die Verwaltung des ganzen Vermögens des Gemeinschuldners zu. Es kann daher nicht ihm die Ausübung eines Rechtes entziehen wollen, das unter Umständen sogar der einzelne Gläubiger an Stelle des Schuldners ausüben darf.

[3]) Analog ist die Frage zu entscheiden, ob der Testamentsvoll-

Der Ehemann übt das Antragsrecht seiner Frau aus, wenn die Erbschaft in das eingebrachte Gut oder das Gesamtgut fällt.

Für den gemäß § 1960 f. aufgestellten Nachlaßpfleger gilt insofern eine Besonderheit, als, solange das Bedürfnis einer Pflegschaft wegen Ungewißheit des Erben vorliegt, regelmäßig die Voraussetzungen für die Erteilung eines Erbscheins nicht gegeben sein können. Ist aber die Pflegschaft noch nicht aufgehoben, wiewohl feststeht, wer Erbe ist und daß der Erbe die Erbschaft angenommen hat, so kann die Befugnis des Pflegers, die Erteilung eines Erbscheins zu beantragen, nicht wohl in Zweifel gezogen werden [1]).

Rein positiven Charakter tragen die Vorschriften der §§ 792, 896 C.P.O., durch welche dem Vollstreckungsgläubiger unter Umständen die Ausübung des Antragsrechtes seines Schuldners überlassen wird. § 792 C.P.O. bestimmt:

> Bedarf der Gläubiger zum Zwecke der Zwangsvollstreckung eines Erbscheins oder einer anderen Urkunde, die dem Schuldner auf Antrag von einer Behörde, einem Beamten oder einem Notar zu erteilen ist, so kann er die Erteilung an Stelle des Schuldners verlangen.

---

strecker die Erbschaftsklage (§ 2018) anstrengen kann. Endemann III S. 234 verneint, da der Streit um die Begründung des Erbrechts nicht Sache des Vollstreckers, sondern der Erben sei. Allein auch wenn ein einzelnes Nachlaßrecht geltend gemacht wird, gehört das Erbrecht zur Begründung der Klage. Der Erbschaftsanspruch unterscheidet sich von der Einzelklage nur dadurch, daß er ein Gesamtanspruch ist (Strohal S. 544). Die Vorteile dieses Gesamtanspruches müssen auch dann dem Nachlaß zu gute kommen, wenn derselbe der Verwaltung eines Testamentsvollstreckers unterliegt. — Bemerkenswert ist übrigens, daß auch Strohal S. 542 Anm. 2 den Nachlaßverwalter und Nachlaßkonkursverwalter zur Geltendmachung des Erbschaftsanspruchs für befugt erklärt, während er ihnen das Recht, die Erteilung eines Erbscheins zu verlangen, nicht zubilligt.

[1]) Weißler S. 209. — Vgl. dagegen Mot. V S. 563.

Im Anschluß hieran verfügt § 896 C.P.O.:

Soll auf Grund eines Urteils, das eine Willenserklärung des Schuldners ersetzt, eine Eintragung in ein öffentliches Buch oder Register vorgenommen werden, so kann der Gläubiger an Stelle des Schuldners die Erteilung der im § 792 bezeichneten Urkunden verlangen, soweit er dieser Urkunden zur Herbeiführung der Eintragung bedarf.

Das preußische Gesetz vom 12. März 1869 kannte eine solche Befugnis des Vollstreckungsgläubigers nicht, und auch die Praxis der Gerichte sah sich außer stande, in Ermangelung einer gesetzlichen Grundlage dem sich in dieser Beziehung zeigenden Bedürfnisse abzuhelfen[1]). Erst das preußische Gesetz vom 13. Juli 1883, betreffend die Zwangsvollstreckung in unbewegliches Vermögen (§ 6 Abs. 4, § 14 Abs. 3), gab dem Gläubiger das Recht von Gerichten und Notaren die Urkunden zu fordern, deren er bedarf, um die Eintragung des Schuldners herbeizuführen.

Allein auch sonst kann der Gläubiger zur Durchführung der Zwangsvollstreckung des Erbscheins (bezw. der anderen Urkunden) bedürfen. Die C.P.O. hat daher für alle in Betracht kommende Fälle durch eine allgemeine Regel Vorsorge getroffen[2]).

Dem Gläubiger wird durch die angeführten Bestimmungen der C.P.O. nicht ein eigenes, selbständiges Antragsrecht erteilt; für die Normierung eines solchen wäre das B.G.B. der rechte Ort gewesen. Die §§ 792, 896 C.P.O. haben nur die Bedeutung, daß unter den dort angegebenen Voraussetzungen dem Gläubiger die Befugnis zusteht, „an Stelle des Erben" dessen Antragsrecht auszuüben[3]). Der

---

[1]) Vgl. R.G. v. 17. XII. 94 in Johow Bd. XIV S. 244.

[2]) Begründung der Novelle zur C.P.O. S. 162 ff. (Hahn-Mugdan S. 148 f.).

[3]) So auch Jacubetzky im „Recht" 1901 S. 576.

Gläubiger handelt also, wenn er die Erteilung des Erbscheins verlangt, als gesetzlicher Vertreter des Schuldners [1]).

Diese Befugnis, den Schuldner in der Ausübung seines Antragsrechtes zu vertreten, steht dem Gläubiger nur zu, wenn er zur Zwangsvollstreckung bezw. zur Herbeiführung der Eintragung in das Grundbuch oder ein anderes öffentliches Buch des Erbscheines bedarf (§§ 792, 896 C.P.O.). Billigerweise wird man vom Gläubiger einen strikten Nachweis, daß er zum Zwecke der Zwangsvollstreckung oder Eintragung einen Erbschein unbedingt werde vorlegen müssen, nicht verlangen können. Denn es läßt sich oftmals nicht voraussehen, ob das Gericht oder ein Beteiligter auf Vorlage eines Erbscheins bestehen wird. Es wird zu genügen haben, wenn bei verständiger Würdigung der Umstände das Bedürfnis vorauszusehen ist [2]).

Fällt das Antragsrecht des Erben in den Wirkungskreis eines gesetzlichen Vertreters, so ist dem Erben selbst die Möglichkeit, den Antrag zu stellen, entzogen. Dies wird

---

[1]) Hätte der Gläubiger ein eigenes Recht, so müßten für dessen formelle Behandlung die Vorschriften der C.P.O. maßgebend sein; in Wahrheit aber regelt die C.P.O. nur die Voraussetzung, unter der er fremdes Recht geltend machen kann. Daher ist auch der vom Gläubiger gestellte Antrag auf Erteilung eines Erbscheins nach den Vorschriften des B.G.B. und des R.F.G. zu behandeln. So auch Beschluß des K.G. v. 27. VII. 1900 (Entsch. R.J.A. I S. 102 ff.), in dem hieraus die Folgerung gezogen wird, daß für die weitere Beschwerde des Gläubigers ein neuer selbständiger Beschwerdegrund (vgl. § 568 Abs. 2 C.P.O.) nicht erforderlich sei.

[2]) Mit Recht hat z. B. das K.G. im Beschl. v. 7. Juli 00. („Recht" 1900 S. 436 f., Entsch. R.J.A. I S. 104) die Antragsbefugnis dem Gläubiger zugebilligt, der den Auseinandersetzungsanspruch des Erben nach Pfändung sich hatte überweisen lassen. Denn der Gläubiger muß hier damit rechnen, daß das Nachlaßgericht, wenn er nach §§ 68 ff. R.F.G. die Auseinandersetzung, oder das Vollstreckungsgericht, wenn er nach § 181 Abs. 2 Zw.V.G. Zwangsversteigerung eines Nachlaßgrundstückes beantragt, Vorlage des Erbscheins verlangen wird.

namentlich für die Fälle des Nachlaßkonkurses und der Nachlaßverwaltung von Bedeutung und ist durchaus gerechtfertigt; denn in diesen Fällen könnte der Erbe mit dem Erbschein regelmäßig doch nur Mißbrauch treiben. Für die Ausnahmsfälle, in denen der Erbe, wiewohl ihm die Verwaltung des Nachlasses im ganzen entzogen ist, doch eines Erbscheines bedarf, genügt der ihm wohl zuzubilligende Anspruch gegen seinen gesetzlichen Vertreter, daß dieser die Erteilung eines Erbscheines herbeiführe, und die in § 85 R.F.G. vorgesehene Befugnis, sich eine Ausfertigung des jenem erteilten Erbscheines geben zu lassen. Durch die §§ 792, 896 C.P.O. wird der Erbe selbst in der Ausübung seines Antragsrechtes im praktischen Erfolge nicht beschränkt. Denn jene Bestimmungen geben dem Gläubigen nur die Befugnis, sich bezüglich des Antragsrechtes zum gesetzlichen Vertreter des Schuldners zu machen; erst indem der Gläubiger von diesem Rechte Gebrauch macht und den Antrag stellt, wird er gesetzlicher Vertreter des Schuldners, ebenso wie es der Testamentsvollstrecker erst mit der Annahme des Amtes wird. Wird nun dem Antrage des Gläubigers statt gegeben, so kommt der erteilte Erbschein auf dem Umwege des § 85 R.F.G. auch dem Erben zu gute. Wird der Antrag abgelehnt oder ein unrichtiger Erbschein erteilt, so hat auch der Erbe gemäß § 20 R.F.G. das Beschwerderecht.

§ 5.

Das Verfahren bei Erteilung des Erbscheins.

Das Erbscheinsverfahren wird eingeleitet durch den Antrag auf Erteilung des Erbscheins (§ 2353 B.G.B.).

Wer zur Stellung dieses Antrages berechtigt ist, geht aus den Darlegungen des vorhergehenden Abschnittes hervor. Selbstverständlich kann der Antragsberechtigte oder sein gesetzlicher Vertreter sich bei Stellung des Antrags[1]) eines Bevollmächtigten bedienen.

Der Antrag ist an keine Form gebunden. Er kann auch nach § 11 R.F.G. beim Gerichtsschreiber eines beliebigen Amtsgerichtes zu Protokoll gegeben werden und ist dann vom Gerichtsschreiber dem zuständigen Amtsgerichte zu übersenden.

Das Verfahren des Nachlaßgerichts fällt ganz in das Gebiet der freiwilligen Gerichtsbarkeit. Daher finden die Bestimmungen des R.F.G. Anwendung auf das Erbscheinverfahren, soweit nicht im B.G.B. besondere Vorschriften getroffen sind. Insbesondere gilt für die Thätigkeit des Nachlaßgerichts, nachdem dieselbe durch einen ordnungsmäßigen Antrag angerufen ist, grundsätzlich § 12 R.F.G., welcher bestimmt:

> Das Gericht hat von Amtswegen die zur Feststellung der Thatsachen erforderlichen Ermittelungen zu veranstalten und die geeignet erscheinenden Beweise aufzunehmen.

Das in dieser Bestimmung ausgedrückte Officialprincip, wie es das gesamte Verfahren in Angelegenheiten der freiwilligen Gerichtsbarkeit beherrscht, wird für das Erbscheinsverfahren eingeschränkt durch die §§ 2354—2357 B.G.B. Der Antragsteller, welcher durch das auszustellende Zeugnis sich eine günstigere Rechtsstellung zu verschaffen trachtet, soll in erster Linie selbst dem Gerichte die Grundlagen für die Würdigung des Gesuches bieten[2]).

Daher hat jeder Antragsteller, mag sich das Erbrecht auf die gesetzliche Erbfolge oder auf eine Verfügung von Todeswegen gründen, folgende **Angaben** zu machen (§§ 2354, 2355):

---

[1]) Nicht aber bei Abgabe der eidesstattlichen Versicherung, s. unten. — Auch bezügl. der in dem Antrag zu machenden Angaben hat das K.G. (Rspr. d. O.L.G. III S. 256) ausgesprochen, daß sie vom Antragsteller selbst zu machen seien, und daß es nicht genüge, wenn sie im Begleitantrage des Notars enthalten seien.

[2]) Endemann III S. 519.

1. die Zeit des Todes des Erblassers,
2. den Grund des behaupteten Erbrechtes (Gesetz, Testament, Erbvertrag),
3. ob über das Erbrecht ein Rechtsstreit anhängig ist.

Überdies hat der Antragsteller bei gesetzlicher Erbfolge anzugeben (§ 2354):

1. das Verhältnis, auf dem sein Erbrecht beruht (Verwandtschaft, Schwägerschaft, Ehe, Annahme an Kindesstatt u. s. w.),
2. ob und welche Personen vorhanden sind oder vorhanden waren, durch welche er von der Erbfolge ausgeschlossen oder sein Erbteil gemindert werden würde, sowie ob und in welcher Weise solche Personen weggefallen sind,
3. ob und welche Verfügungen des Erblassers von Todeswegen vorhanden sind.

Wird der Antrag auf Grund einer Verfügung von Todeswegen gestellt, so hat der Antragsteller

1. diese Verfügung zu bezeichnen,
2. anzugeben, ob und welche sonstigen Verfügungen des Erblassers von Todeswegen vorhanden sind und
3. ob und in welcher Weise Personen weggefallen sind, durch deren Vorhandensein das behauptete Erbrecht ausgeschlossen oder eine Minderung des Erbteils herbeigeführt werden würde.

Wird die Ausstellung eines gemeinschaftlichen Erbscheins beantragt, so sind sämtliche Erben und ihre Erbteile zu bezeichnen. Wenn der Antrag nicht von allen Erben gestellt wird, hat er die Angabe zu enthalten, daß die übrigen Erben die Erbschaft angenommen haben (§ 2357). Diesem Erfordernisse liegt der richtige Gedanke zu Grunde, daß der Erbschein nur für einen Erben erteilt werden kann, von dem feststeht, daß er die Erbschaft angenommen hat[1]).

[1]) Prot. V 678; Fischer-Henle Note 2 zu § 2357; K.G. in Rspr. d. O.L.G. V S. 124 ff.

Wenn nur für den besonderen Fall des § 2357 Abs. 3 vorgeschrieben wurde, daß die Annahme anzugeben sei, so hat dies seinen Grund darin, daß man der Meinung war, in den anderen Fällen enthalte der Antrag auf Erteilung des Erbscheins schon die Annahme der Erbschaft[1]). Diese Auffassung trifft aber z. B. dann nicht zu, wenn der Gläubiger des Alleinerben nach § 792 oder § 896 C.P.O. die Erteilung eines Erbscheins für den Erben beantragt; überhaupt in allen Fällen, in denen ein gesetzlicher Vertreter des Erben zwar zum Antrag auf Erteilung des Erbscheins, nicht aber zur Annahme der Erbschaft an Stelle des Erben befugt ist (Konkursverwalter, Nachlaßverwalter, Nachlaßpfleger, Ehemann). In allen diesen Fällen muß dem Sinne, wenn auch nicht der ausdrücklichen Vorschrift des Gesetzes zufolge, die Angabe, daß die Erbschaft angenommen worden sei, verlangt werden.

Weitere Angaben schreibt das Gesetz nicht vor. Es darf jedoch unbedenklich angenommen werden, daß der Antrag auch die für die Prüfung des Gesuches in formeller Hinsicht erforderlichen Angaben zu enthalten hat. Es ist daher insbesondere der letzte inländische Wohnsitz bezw. Aufenthalt und eventl. die Staatsangehörigkeit des Erblassers zu bezeichnen, da diese Thatsachen nach § 73 R.F.G. für die örtliche Zuständigkeit von Bedeutung sind[2]). Ferner hat, wer die Erteilung eines Erbscheins für einzelne Nachlaßgegenstände nach § 2369 begehrt, diese Gegenstände zu

---

[1]) Strohal S. 371 Anm. 1. — Allerdings käme auch bei der provisorischen Führung erbschaftlicher Geschäfte (§ 1959) dem Erben unter Umständen ein Erbschein zu statten, allein hieraus darf nicht mit Weißler S. 122 und 211 geschlossen werden, daß der seitens des Alleinerben gestellte Antrag nicht notwendig die Erbschaftsannahme enthalte. Da de lege lata der Erbschein nur zu erteilen ist, wenn die Erbschaft angenommen ist, so muß das Gesuch um Erteilung als Annahme der Erbschaft gelten.

[2]) Eichhorn a. a. O. S. 228.

bezeichnen und anzugeben, wo sie sich befinden, da sonst dem Gericht eine Prüfung der Zulässigkeit des Antrags nicht möglich wäre. Endlich muß, wenn ein Vertreter des Erben den Antrag stellt, derselbe über seine Legitimation Aufschluß geben.

Im einzelnen ist hinsichtlich der erforderlichen Angaben noch folgendes zu bemerken:

Die Todeszeit des Erblassers (§ 2354 Nr. 1) braucht nicht notwendig kalendermäßig genau angegeben zu werden. Unter Umständen kann auch eine nach gewissen Zeitgrenzen bestimmte Angabe genügen[1]).

Wenn der Fiskus sein gesetzliches Erbrecht geltend macht, so ist insbesondere die Staatsangehörigkeit als das Verhältnis, auf welchem das Erbrecht beruht (§ 2354 Nr. 2) anzugeben[2]).

Die für den Fall der gesetzlichen Erbfolge getroffene Vorschrift des § 2354 Nr. 3 hat in Verbindung mit § 2354 Abs. 2 den Zweck, dem Gericht die Beurteilung der Frage zu ermöglichen, ob nicht nähere Erben vorhanden sind; insbesondere soll geprüft werden, ob der behauptete Wegfall solcher Personen als erfolgt anzuerkennen ist[3]). Der Wegfall kann vor oder nach dem Tode des Erblassers eingetreten sein. Die Behauptung Wilkes, bei § 2354 Nr. 3 sei nur zu denken an die Personen, welche zur Zeit des Erbfalls vorhanden waren, findet weder in dem soeben bezeichneten Zweck, noch in dem Wortlaut der gesetzlichen Bestimmung einen Anhalt[4]).

---

[1]) Mot. Bd. V S. 559; Wilke Anm. 3 zu § 2354.

[2]) Neumann, Handausgabe des B.G.B. Anm. 1b zu § 2356.

[3]) Mot. Bd. V S. 559 f.

[4]) Wilke Note 3 zu § 2354. Wilke widerspricht sich selbst: er bemerkt in derselben Anm., offenbar im Anschluß an Mot. V S. 559, ganz richtig, daß als Gründe des Wegfalls Tod, Erbverzicht, Ausschlagung, Ausschließung und Erbunwürdigkeitserklärung in Betracht kommen. Der Erbverzicht ist aber ein Vertrag mit dem Erblasser;

Das Vorhandensein einer Verfügung von Todeswegen (§ 2354 Nr. 4) ist, wenn gesetzliches Erbrecht geltend gemacht wird, nicht nur deshalb von Bedeutung, weil das Nachlaßgericht zu prüfen hat, ob nicht die Verfügung eine endgiltige Erbeseinsetzung enthält, sondern auch, weil eine Nacherbfolge oder Testamentsvollstreckung angeordnet sein kann. Unter den Verfügungen des Erblassers von Todeswegen sind auch ungiltige zu verstehen, denn die Prüfung der Giltigkeit steht nicht dem Antragsteller, sondern dem Nachlaßgericht zu. Es ist daher jedes Schriftstück anzugeben, welches nach Form oder Inhalt sich als Verfügung von Todeswegen darstellt und zwar selbst dann, wenn die Urkunde kassiert ist (§ 2255)[1]). Denn auch im letztgenannten Falle bedarf es der Prüfung des Nachlaßgerichtes, ob die anscheinende Zerstörung der Urkunde vom Erblasser herrührt, und eventl., ob der Erblasser mit der vorgenommenen Veränderung des Testaments dessen Widerruf beabsichtigt hat.

Der erörterten Behauptungspflicht des Antragstellers entspricht im allgemeinen eine Beweispflicht desselben.

Eine Einschränkung gilt nur für die zur Begründung der Zuständigkeit des Nachlaßgerichtes und der Zulässigkeit des Verfahrens zu machenden Angaben. In Ermangelung einer diesbezüglichen gesetzlichen Bestimmung kann man vom Antragsteller nur verlangen, daß er angibt, warum er gerade an das angerufene Nachlaßgericht (bezw. warum überhaupt an ein deutsches Nachlaßgericht) sich wendet, nicht aber auch, daß er die angegebenen Thatsachen nachweist, vielmehr muß es bezüglich der Feststellung dieser Thatsachen bei der Vorschrift des § 12 R.F.G. sein Bewenden haben.

---

durch Erbverzicht kann also eine Person nur vor dem Erbfall wegfallen. Wie Wilke auch L.G. Hamburg 14. VII. 00 (Scherer, das 2. Jahr des B.G.B. Nr. 1229). — Dagegen richtig Weißler S. 212, Eichhorn, D. J.-Ztg 1901 S. 202, Frommhold Note 1c zu § 2354 Nr. 3.

[1]) Voß a. a. O. S. 668 f. — A. M. Wilke Note 3 zu § 2354.

Dagegen sind die zur materiellen Begründung erforderlichen Angaben sämtlich zu beweisen; nur die Art des geforderten Nachweises und daher auch seine Überzeugungskraft sind verschieden.

Die Art des erforderlichen Nachweises wird in § 2356 geregelt. Hienach hat jeder Antragsteller, mag es sich um gesetzliches oder gewillkürtes Erbrecht handeln, die Angaben über die Zeit des Todes des Erblassers und über den Wegfall[1]) von Personen, durch die der Antragsteller von der Erbfolge ausgeschlossen oder sein Erbteil gemindert würde (§ 2354 Abs. 1 Nr. 1, Abs. 2), durch öffentliche Urkunden nachzuweisen.

In gleicher Weise ist nachzuweisen im Falle der gesetzlichen Erbfolge das Verhältnis, auf dem das Erbrecht beruht. Bedarf es des Nachweises der ehelichen Abstammung, so ist die Heiratsurkunde der Eltern beizubringen. Die Geburtsurkunde genügt nicht, weil sie zum Beweise der ehelichen Geburt nicht bestimmt ist[2]).

Der Begriff der öffentlichen Urkunde ist aus § 415 C.P.O. zu entnehmen; in Betracht kommen hauptsächlich die Beurkundungen des Standesamtes[3]).

---

[1]) Nicht nachzuweisen sind die positiven Angaben über das Vorhandensein bezw. Vorhandengewesensein einer solchen Person, da diese Thatsachen dem Antragsteller nur schaden.

[2]) Weißler S. 212. — Vgl. §§ 15, 17, 22 R.Pers.G., Sartorius, Kommentar z. R.P.G. S. 160. (A. M. das Reichsgericht in bei den Sartorius a. a. O. citierten Urteilen.)

[3]) Vgl. eine Aufzählung der in Betracht kommenden Urkunden bei Eichhorn S. 231 f.; auch die Staatsangehörigkeitsurkunde gehört hieher, falls der Fiskus Erbe ist. — Man hat die Frage aufgeworfen, ob die vorgelegten öffentlichen Urkunden dem Antragsteller auf sein Ersuchen wieder hinauszugeben, oder ob sie bei den Akten zu verbleiben haben. Ausführlich handelt hierüber Ritter im „Recht" 1902 S. 139 f. Entgegen der von Ritter vertretenen Ansicht sind m. E. regelmäßig die Beweisurkunden vollständig bei den Akten zu behalten, da das Nachlaßgericht jederzeit in die Lage versetzt werden kann, auf Antrag oder von Amtswegen nachzuprüfen, ob der Erbschein zu Recht erteilt

Das Verlangen eines Nachweises der bezeichneten Thatsachen durch öffentliche Urkunden rechtfertigt sich durch die Erwägung, daß die möglicherweise vorhandenen Erbprätendenten regelmäßig vor Erteilung des Erbscheins nicht gehört werden und daß die Beschaffung der erforderlichen öffentlichen Urkunden meist keine Schwierigkeiten verursachen wird. Es kann jedoch auch vorkommen, daß die Erlangung öffentlicher Urkunden z. B. über den Wegfall einer vorhanden gewesenen Person, von welcher der Antragsteller nicht weiß, wo sie lebte, unüberwindlichen Schwierigkeiten begegnet[1]).

In solchen besonderen Fällen läßt das Gesetz die Angabe anderer Beweismittel zu[2]). In Betracht kommt namentlich auch der Zeugenbeweis (vgl. § 15 R.F.G.). Wird der Antrag von einem gesetzlichen Vertreter des Erben bestellt, so kann letzterer selbstverständlich nicht zeugeneidlich vernommen werden[3]).

Wer auf Grund einer Verfügung von Todeswegen die Erteilung eines Erbscheins beantragt, hat die Verfügung vorzulegen[4]). Daß auch bei gesetzlicher Erbfolge der Antragsteller die etwa vorhandenen und von ihm angegebenen Verfügungen vorzulegen habe, schreibt das Gesetz nicht vor. Allein das Nachlaßgericht wird, wenn der Antragsteller die Verfügung, obwohl er dazu im stande wäre, nicht vorlegt,

---

wurde. Die Grundlagen der Entscheidung des Nachlaßgerichts müssen daher bei den Akten verbleiben. Vgl. die Bestimmung in § 9 G.B.O.: „Urkunden, auf die eine Eintragung sich gründet oder Bezug nimmt, sind von dem Grundbuchamt aufzubewahren."

[1]) Eine bedeutende Erleichterung des Beweises hätte § 4 Entw. I. durch die an das 70. Lebensjahr geknüpfte Todesvermutung geboten; immerhin wird auch ohne die gesetzliche Vermutung das Lebensalter in dem ein Erbprätendent stehen würde, in Betracht kommen.

[2]) Mot. V S. 560 f.; Eichhorn S. 229.

[3]) Neumann zu § 2353 behauptet, daß der Erbe zeugeneidlich vernommen werden könne, wenn ein Gläubiger Antragsteller sei.

[4]) Vgl. hiezu Planck Anm. 1c zu § 2356.

schwerlich zu der Überzeugung kommen, daß die Verfügung den von dem Antragsteller behaupteten Inhalt habe. Das Nachlaßgericht ist daher, auch wenn der Antrag sich auf gesetzliche Erbfolge stützt, für befugt zu erachten, die Vorlegung der vorhandenen Verfügungen von Todeswegen zu verlangen (vgl. § 2359).

Hinsichtlich der übrigen Angaben kann weder ein urkundlicher noch überhaupt ein sonstiger exakter Beweis billigermaßen vom Antragsteller verlangt werden. Denn soweit diese Angaben für den Antragsteller günstig sind, lauten sie negativ[1]). Andererseits bedarf es einer Gewähr dafür, daß auch diese Angaben der Wahrheit entsprechen.

Zur Lösung dieser Schwierigkeit schlägt das B.G.B. denselben Weg ein, wie schon das A.L.R. (I. Tit. 9 § 486) und das preuß. Gesetz vom 12. März 1869: vom Antragsteller wird die eidesstattliche Versicherung verlangt, daß ihm nichts bekannt sei, was der Richtigkeit seiner Angaben entgegenstehe. Die eidesstattliche Versicherung ist vor Gericht oder Notar abzugeben. Sie steht unter der Strafsanktion des § 156 St.G.B.[2])

Die Versicherung an Eidesstatt ist Beweisaufnahme, nicht Rechtsgeschäft[3]). Daraus folgt, daß für die Beurkundung der Versicherung an Eidesstatt nicht die Bestimmungen des zehnten Abschnittes des R.F.G., sondern

---

[1]) Mot. V S. 561.

[2]) Auch der Notar ist jedenfalls insoweit Behörde im Sinne des § 156 St.G.B., als er befugt ist, die eidesstattliche Versicherung entgegenzunehmen. Denn insoweit ist ihm eine behördliche Funktion gesetzlich übertragen. (R.G. i. Strs. Bd. 18 S. 246, Olshausen Note 3 zu § 156.)

[3]) Eine kaum zu billigende Anomalie ist es daher, daß die eidesstattliche Versicherung „vor Gericht" (also nicht notwendig vor dem Nachlaßgericht) oder einem Notar abzugeben ist. Auch im Erbscheinsverfahren wäre es angemessen, nach dem Princip der Unmittelbarkeit die Beweisaufnahme im vollen Umfange dem zur Entscheidung berufenen Gericht, also dem Nachlaßgericht, zuzuweisen.

die Vorschriften des Landesrechts maßgebend sind[1]). Ferner ergibt sich daraus die Unhaltbarkeit der früheren preußischen Praxis, welche die Abgabe der Versicherung an Eidesstatt durch einen Bevollmächtigten des Antragstellers zuließ[2]).

Die Versicherung ist vom Antragsteller abzugeben, mag dies der Erbe oder ein gesetzlicher Vertreter desselben sein. Bei gesetzlicher Vertretung wegen Minderjährigkeit, Geistesschwäche, Trunksucht oder Verschwendung kann das Nachlaßgericht in analoger Anwendung des § 473 C.P.O. die Abgabe der eidesstattlichen Versicherung durch den eidesmündigen Vertretenen fordern[3]).

Wird ein gemeinschaftlicher Erbschein von einem oder einzelnen Miterben beantragt, so ist doch regelmäßig Voraussetzung der Erteilung, daß alle Miterben die Versicherung an Eidesstatt abgeben, wozu sie weder vom Nachlaßgericht noch vom Antragsteller genötigt werden können. Das Nachlaßgericht kann jedoch, wenn es die Versicherung eines Miterben oder einiger von ihnen für ausreichend hält, sich auch damit begnügen (§ 2357).

Die eidesstattliche Versicherung wird verlangt nicht über die objektive Wahrheit von Thatsachen, sondern über das Wissen um solche. Es soll die Kenntnis des Antragsstellers von Umständen, die dem behaupteten Erbrechte entgegenstehen würden, abgeleugnet werden. Bewiesen wird also zunächst nur der gute Glaube des Antragsstellers hinsichtlich der gemachten Angaben[4]). Das Gericht kann dem Antragsteller die Versicherung nicht in einer Form, welche

---

[1]) Schultze-Görlitz, Kommentar z. R.F.G. S. 335.

[2]) Vgl. Gruchot, Preuß. Erbrecht I. S. 235 f., K.G. VI S. 15, und gegen die Übertragung dieser Praxis auf das Reichsrecht Voß S. 671, Weißler S. 216. Dagegen behauptet Boehm, Erbrecht S. 305, ohne Grundangabe, daß die eidesstattliche Versicherung auch durch einen Bevollmächtigten abgegeben werden könne.

[3]) So schon die preuß. Praxis. Vgl. z. B. K.G. Johow XI S. 49 ff. — Ebenso Planck Anm. 2a zu § 2356.

[4]) Weißler S. 218.

mehr als die Versicherung des Nichtwissens enthält, auferlegen[1]).

Nur wenn der Antragsteller sich selbst erbietet, bestimmte Thatsachen an Eidesstatt zu versichern, kann ihn das Gericht zu einer solchen Versicherung von Thatsachen nach § 15 R.F.G.

Das preußische Gesetz vom 12. März 1869 hatte in § 3 die eidesstattliche Versicherung dahin verlangt, daß dem Antragsteller „andere gleich nahe oder nähere Erben nicht bekannt seien, er auch nicht wisse, daß der Erblasser eine letztwillige Verfügung hinterlassen habe". Gegen diese Formulierung war eingewendet worden, daß sie wenigstens dem Wortlaute nach — die eidesstattliche Bekräftigung eines Urteils über Rechtsverhältnisse vorschreibe[2]). Das B.G.B. hat im Anschluß an die §§ 2, 3 des badischen Gesetzes vom 24. März 1888 diesen Fehler zu vermeiden gesucht. Zu versichern ist nur noch, daß keine Personen vorhanden sind oder vorhanden waren, durch welche das Erbrecht beschränkt oder ausgeschlossen würde. Ob Personen als weggefallen zu erachten sind, prüft der Richter, nicht der Antragsteller; denn der Wegfall einer Person ist nicht mehr in die eidesstattliche Versicherung eingeschlossen, sondern durch öffentliche Urkunden, bezw. andere Beweismittel nachzuweisen. Immerhin bleibt auch jetzt noch der Beurteilung des Antragstellers die Frage überlassen, welche Personen das Erbrecht beschränken oder ausschließen würden. Insoweit haben die Ausführungen der preußischen Juristen[3]) noch immer Bedeutung, welche verlangen, daß das Gericht bezw. der Notar durch Belehrung und eingehende Befragung des Antragstellers eine auf Rechtsirrtum beruhende Unvollständigkeit der Angaben zu verhüten haben. Es muß ferner

[1]) K.G. in Johow XIV S. 63.

[2]) Korn in Behrends Zeitschr. Bd. 6 S. 422 ff., Hillenkamp S. 36 f., Ewoldt S. 24 ff.

[3]) Korn a. a. O.; Dernburg, Preuß. Privatrecht § 228.

gefordert werden, daß die eidesstattliche Versicherung in deutlich erkennbarer Weise an die Angaben sich anschließe, auf welche sie sich bezieht.

Die eidesstattliche Versicherung bezieht sich auf alle zur materiellen Begründung des Antrags erforderlichen Angaben, welche nicht durch öffentliche Urkunden oder Vorlage der Verfügung von Todeswegen nachzuweisen sind. Daher fällt auch die Angabe, daß die Erbschaft angenommen worden sei, unter die eidesstattliche Versicherung, soweit eine solche Angabe erforderlich ist. Dieser Behauptung steht anscheinend entgegen der Wortlaut des § 2356 Abs. 2: „In Ansehung der übrigen nach den §§ 2354, 2355 erforderlichen Angaben hat der Antragsteller ... an Eidesstatt zu versichern, ..." Da eine Angabe über die Annahme der Erbschaft nur in § 2357 Abs. 3 ausdrücklich vorgeschrieben ist, hat man gefolgert, daß sich hierauf die eidesstattliche Versicherung nicht beziehe[1]). Allein es liegt wahrscheinlich ein bloßes Redaktionsversehen vor. Der erste Entwurf enthielt keine besonderen Vorschriften über die Erteilung eines gemeinschaftlichen Erbscheins; der jetzige § 2357 ist von der zweiten Kommission (Prot. V S. 678) eingefügt. Es ist daher leicht erklärlich, wenn bei der Schlußredaktion des inhaltlich unverändert gebliebenen § 2070 Abs. 2 des ersten Entwurfs (des jetzigen § 2356 Abs. 2) übersehen wurde, daß nunmehr in § 2356 Abs. 2 auch auf § 2357 Abs. 3 zu verweisen war. Es darf daher angenommen werden, daß die Erwähnung der §§ 2354 und 2355 in § 2356 Abs. 2 nicht den Sinn einer Einschränkung der letzteren Vorschrift haben soll, sondern nur zur Verdeutlichung auf die in Betracht kommenden Bestimmungen verweisen will; diese Verweisung hätte, wenn nicht § 2357 eingefügt worden wäre, sämtliche im B.G.B. ausdrücklich vorgeschriebenen Angaben umfaßt. Es steht

---

[1]) Eichhorn a. a. O. S. 236 f.

m. E. nichts im Wege, sie nunmehr entsprechend zu ergänzen; welchen Sinn sollte es auch haben, wenn § 2357 Abs. 2 bezüglich der Annahme der Miterben die bloße, durch nichts zu beweisende Behauptung forderte? Das wäre doch nur eine Formalität[1])[2]).

Im Gegensatz zum preußischen Rechte kann nach B.G.B. § 2356 Abs. 2 das Nachlaßgericht die eidesstattliche Versicherung völlig erlassen, wenn es sie für nicht erforderlich erachtet, z. B. wenn ein zehnjähriges Kind von seinen Eltern beerbt wird.

Jegliche Beweispflicht entfällt, soweit es sich um Thatsachen handelt, die bei dem Nachlaßgerichte offenkundig sind (§ 2356 Abs. 3). Hierher gehören auch Thatsachen, welche aus den Akten einer anderen Abteilung desselben Amtsgerichtes, zu dem das Nachlaßgericht gehört, hervorgehen.

Was den juristischen Charakter der Beweispflicht des Antragstellers anlangt, so darf dieselbe nicht mit der Beweislast im Civilprozesse auf eine Linie gestellt werden; es

[1]) Eichhorn in d. D. J.-Ztg. 1901 S. 201 ff. führt aus, eine diesbezügliche eidesstattliche Versicherung sei eine Zumutung, der ein gewissenhafter Mensch kaum entsprechen könne. Das ist nicht richtig. Der Antragsteller hat ja nur zu versichern, daß ihm nichts bekannt sei, was der Richtigkeit seiner Angaben entgegensteht (§ 2356). Auf die Angabe über die Annahme der Erbschaft angewandt, heißt dies: er hat zu versichern, daß ihm nichts von einer Ausschlagung der Erbschaft seitens des Erben oder eines Miterben bekannt ist. Diese Versicherung kann auch der Gewissenhafteste ruhig abgeben, denn ein gewissenhafter Mensch wird die Erteilung eines Erbscheins nicht für einen Erben bezw. Miterben beantragen, wenn er weiß, daß derselbe die Erbschaft ausgeschlagen hat.

[2]) Allerdings sind nach der oben gegebenen Darlegung auch die zur formellen Begründung des Antrags gemachten Angaben, z. B. über den letzten Wohnsitz des Erblassers, nicht zu beweisen; allein hier bietet die bloße Angabe einen Anhaltspunkt für die nach § 12 R.F.G. erforderlichen Ermittelungen des Nachlaßgerichts. Dagegen erleichtert die einfache Behauptung, daß die Erbschaft angenommen worden sei, die diesbezügliche Sachprüfung des Gerichts in keiner Weise.

ist daher irreführend, wenn die Mot. (Bd. V S. 560) von einer Regelung der Beweislast im Erbscheinsverfahren sprechen[1]). Gelingt es im Civilprozesse der Partei nicht, den ihr obliegenden Beweis zu führen, so wird sie sachfällig. Im Erbscheinsverfahren dagegen steht hinter der Beweispflicht des Antragstellers das Offizialprinzip. Nur wenn der Antragsteller Beweismittel, die er nach dem Gesetze liefern müßte und nach Überzeugung des Richters thatsächlich liefern könnte, dem Nachlaßgerichte schuldig bleibt, kann dieses die Erteilung des Erbscheins ablehnen, ohne in eigene Ermittelungen einzutreten. Hat aber der Antragsteller das Seinige gethan, so ist es nun Sache des Gerichts, die etwa noch für notwendig gehaltenen Ermittelungen anzustellen und die noch erforderlichen Beweise von sich aus zu erheben.

Auch schon vor Abschluß der Beweisthätigkeit des Antragstellers zeigt sich das Offizialprinzip darin, daß das Nachlaßgericht verpflichtet ist, dem Antragsteller bei Beschaffung der erforderlichen Belege an die Hand zu gehen, falls ein Bedürfnis für eine solche Unterstützung besteht[2]).

Erforderlich kann die Ermittelungsthätigkeit des Gerichts auch dann sein, wenn der Antragsteller für seine Angaben einen lückenlosen, dem Gesetz entsprechenden Nachweis erbracht hat. Denn die Würdigung der Beweise steht ganz im Ermessen des Gerichts (§ 2359). Insbesondere wird die Beweiskraft der eidesstattlichen Versicherung ganz von den Umständen abhängen. Geht z. B. der Antrag von einem Gläubiger des angeblichen Erben aus, so wird die

---

[1]) Bei der Beratung des preuß. Gesetzentw. über die gerichtlichen Erbbescheinigungen äußerte Struckmann (Sten. Ber. d. Abg.-Hauses 1868/9 II S. 1615 ff.): „Ein Richter müßte doch höchst ungeschickt sein, wenn er nicht einsehen wollte, daß hier kein Prozeßverfahren vorliegt, sondern ein reines Administrativverfahren, in welchem die prozeßrechtlichen Grundsätze über Beweislast nicht gelten.“

[2]) L.G. Hamburg vom 11. IV. 00, Hanseat. G.-Ztg. 1900 S. 142, hier citiert nach „Recht“ 1900 S. 464.

eidesstattliche Versicherung des Antragstellers für die objektive Würdigung der Sache von geringerer Bedeutung sein, als wenn der Antrag von einer Person gestellt ist, welche dem Erblasser so nahe stand, daß anzunehmen ist, sie würde andere noch vorhandene Verwandten oder sonstige Erbanwärter kennen. Schließlich kommt in Betracht, daß aus der Richtigkeit der Angaben das behauptete Erbrecht nicht notwendig folgt. Es können z. B. Anhaltspunkte dafür gegeben sein, daß das vorgelegte Testament wegen Geisteskrankheit des Erblassers nichtig ist. Solchen Anzeichen hat der Nachlaßrichter zweifellos nachzugehen. Es ist nicht richtig, wenn Eichhorn a. a. O. S. 242 sagt: „Anscheinend ist der Sinn des Gesetzes der, daß nur, wenn in Ermangelung öffentlicher Urkunden andere Beweismittel angegeben werden, die durch sie gebotenen Ermittelungen angestellt und beurteilt werden sollen, d. h. daß die angetretenen Beweise aufzunehmen sind. Es liegt also eine Tautologie (sic!) vor, und es sind demnach dem allzu weit gehenden Ermessen des Richters einige Schranken gezogen, so daß er jedenfalls da, wo die standesamtlichen Atteste sämtlich beigebracht sind, nicht noch auf bloße Vermutungen hin Erhebungen veranstalten darf." Diese Ausführungen machen den Versuch, gegenüber der durchaus folgerichtigen, dem nichtstreitigen Verfahren angemessenen Vorschrift des § 2358 Abs. 1 B.G.B. die seitherige preußische Praxis aufrechtzuerhalten. Diese aber ging, so vorbildlich sie in anderen Fragen sein mag, in der Einschränkung des freien Ermessens und der Offizialthätigkeit des Richters entschieden viel zu weit[1]). Bei der großen Bedeutung des

[1]) Auf die preuß. Praxis scheint auch nach Erlaß des Gesetzes vom 12. III. 69 die Bestimmung des A.L.R. I Tit. 9 § 486 großen Einfluß gehabt zu haben: „Finden sich keine dergleichen Vermutungen, so muß der Nachlaß gegen die bloße, an Eidesstatt abzugebende, Versicherung . . . verabfolget werden." Vgl. z. B. Beschl. des K.G. v. 26. I. 85 in Johow V S. 42 ff.: „Das Gericht ist nicht berechtigt, auf

Erbscheins wird das Nachlaßgericht alle Umstände, die der Erteilung etwa entgegenstehen, um so vorsichtiger zu prüfen haben, als dem Antragsteller kein zur Geltendmachung dieser Umstände berufener Gegner gegenübersteht.

Im einzelnen muß es dem richterlichen Takt überlassen bleiben, wie weit jeweils die Ermittelungen auszudehnen sind bezw. ob gänzlich von solchen abzusehen ist. Durch Anordnungen der Landesjustizverwaltung darf das freie richterliche Ermessen nicht eingeschränkt werden. Insbesondere kann daher die Landesjustizverwaltung nicht, wie in der zweiten Kommission (Prot. V S. 681) angenommen wurde, den Nachlaßgerichten allgemeine Vorschriften darüber geben, wie sie das Nichtvorhandensein von Testamenten festzustellen habe [1]).

So weit ausländisches Recht zur Anwendung zu kommen hat, ist dasselbe vom Richter von Amtswegen zu erforschen [2]).

Nur in zwei Fällen, in welchen die Gefahr der Aus-

Grund bloßer Möglichkeiten und ohne jeden begründeten Anhalt Beweis für oder gegen die Existenz weiterer Erben zu fordern, für deren Vorhandensein oder Vorhandengewesensein aus dem vorgebrachten Sachverhalte sich weder eine Vermutung noch eine Wahrscheinlichkeit (!) ergibt.“ Vgl. auch K.G. in Johow VIII S. 104 ff.

[1]) Weißler S. 219. Vgl. Kgl. Sächs. V.O. zur Ausführung des B.G.B. vom 6. VII. 99 § 51: „Beantragt ein gesetzlicher Erbe die Erteilung eines Erbscheines, so hat das Nachlaßgericht von Amtswegen zu erheben, ob sich eine Verfügung des Erblassers von Todeswegen bei ihm in Verwahrung befindet oder Nachricht über die Verwahrung einer solchen Verfügung an anderer Stelle bei ihm eingegangen ist. Hat der Erblasser während der letzten 10 Jahre vor dem Erbfalle seinen Wohnsitz oder seinen gewöhnlichen Aufenthalt noch in dem Bezirk eines anderen Nachlaßgerichts gehabt, so ist die im Abs. 1 angeordnete Ermittelung auf dieses zu erstrecken.“

[2]) Die entgegengesetzte Entscheidung des K.G. in Johow III S. 34 beruht auf einer jedenfalls nach jetzigem Reichsrecht unstatthaften Erstreckung des Verhandlungsprincipes auf das Erbscheinsverfahren.

stellung eines unrichtigen Erbscheins besonders nahe liegt, macht das B.G.B. dem Nachlaßgerichte die Beobachtung einer besonderen Vorsichtsmaßregel ausdrücklich zur Pflicht.

Das Nachlaßgericht soll nämlich, wenn ein Rechtsstreit über das Erbrecht anhängig ist, vor der Erteilung des Erbscheins den Gegner des Antragstellers hören (§ 2360 Abs. 1.). Der erste Entwurf erklärte in diesem Falle die Erteilung eines Erbscheins überhaupt für unzulässig (§ 2071 Abs. 2 E. I). Allein mit Recht wurde in der zweiten Kommission (Prot. V S. 680 f.) geltend gemacht, daß, wenn die Erteilung des Erbscheins im Falle eines Rechtsstreites über das Erbrecht ausgeschlossen werde, daraus leicht ein Mittel entnommen werden könnte, den wahren Erben zu chikanieren. Das B.G.B. hat daher die Erteilung eines Erbscheins auch im Falle des Prozesses zugelassen; nur soll vor der Erteilung der Prozeßgegner gehört werden, da er unter Umständen Thatsachen wird geltend machen können, welche der Erteilung entgegenstehen[1]).

Dafür, daß das Nachlaßgericht von einem etwaigen Rechtsstreite über das Erbrecht erfährt, sorgen die oben besprochenen Vorschriften in § 2354 Abs. 1 Nr. 5, § 2355, § 2356 Abs. 2. Mehrere Bundesstaaten haben in ihren Ausführungsgesetzen den Prozeßgerichten die Pflicht auferlegt, dem zuständigen Nachlaßgerichte Mitteilung zu machen, falls ein Rechtsstreit über das Erbrecht anhängig wird[2]).

Besondere Gefahr der Unrichtigkeit besteht auch dann, wenn die Erbeinsetzung in einem privatschriftlichen Testament enthalten ist, oder wenn das Erbrecht zwar auf einer öffentlich beurkundeten Verfügung von Todeswegen beruht,

[1]) Rehs S. 18 behauptet, die Anhängigkeit eines Rechtsstreites sei in den Erbschein aufzunehmen. Das ist unrichtig. Die vorgeschriebene Angabe soll hier nicht die Grundlage für den Inhalt des Erbscheins bilden, sondern nur dem Gericht Gelegenheit geben, den Gegner zu hören.

[2]) Meckl.-Schwerinsche V.O. vom 9. IV. 99 § 54, Meckl.-Strel.V.O. vom 9. IV. 99 § 52, Sächs.-Altenb. V.O. vom 24. VI. 99 § 25.

die Verfügung dem Nachlaßgerichte aber nicht vorgelegt werden kann. Für diese Fälle schreibt daher § 2360 Abs. 2 B.G.B. vor, daß vor Erteilung des Erbscheins derjenige gehört werden solle, welcher im Falle der Unwirksamkeit der Verfügung Erbe sein würde.

Sowohl die Anhörung des Prozeßgegners als die des eventuellen Erben kann unterbleiben, wenn sie unthunlich ist (§ 2360 Abs. 3).

Die Art der anzustellenden Ermittelungen überläßt das Gesetz dem Gutdünken des Nachlaßgerichts. In Betracht kommt namentlich die Vernehmung von Zeugen, welche nach freiem Ermessen beeidigt werden können oder nicht (§ 15 R.F.G.), und die Einziehung von Erkundigungen bei Behörden.

Ist zweifelhaft, ob noch weitere Verwandte vorhanden sind, oder läßt sich der Wegfall von Erbanwärtern unbekannten Aufenthaltes nicht auf andere Weise feststellen, so kann das Gericht eine öffentliche Aufforderung zur Anmeldung der Erbrechte erlassen (§ 2358 Abs. 2)[1]. Die Art der Bekanntmachung und die Dauer der Anmeldungsfrist bestimmen sich nach den in den §§ 948—950 C.P.O. enthaltenen Vorschriften über das Aufgebotsverfahren. Präklusionswirkung ist jedoch an die öffentliche Aufforderung nicht geknüpft. Die erfolglos gebliebene Aufforderung gibt nur dem Nachlaßgerichte das Recht, bei Erteilung des Erbscheins den Wegfall der Erbanwärter, welche sich nicht gemeldet haben, als festgestellt anzusehen. Das Nachlaßgericht ist nicht unbedingt genötigt, den Ablauf der in der öffentlichen Aufforderung gesteckten Frist abzuwarten: wie es im

[1] Nicht richtig, mindestens zu allgemein ausgedrückt, ist die vom K.G. in Beschl. v. 9. VII. 01 (Rspr. d. O.L.G. III S. 258 f.) vertretene Ansicht, daß ein Aufgebot nur erlassen werden könne, wenn ungewiß ist, ob Verwandte vorhanden waren, nicht aber wenn nur zweifelhaft ist, ob dieselben den Erbfall erlebten. Für eine solche Einschränkung bietet das Gesetz keinen Anhalt.

Ermessen des Nachlaßgerichtes steht, ob es eine öffentliche Aufforderung erlassen will, so muß es auch ihm überlassen bleiben, von der ergangenen Aufforderung wieder abzustehen [1]). Es handelt sich nur um eine unverbindliche Vorausankündigung des Nachlaßgerichtes, wie es zu verfahren gedenke, wenn sich niemand melde.

Ist das Beweis- und Ermittelungsverfahren zum Abschlusse gelangt, so hat sich das Nachlaßgericht über die Erteilung des Erbscheins schlüssig zu machen. Bei Beurteilung des Beweisergebnisses ist es an keinerlei Beweistheorie gebunden. Auch die Vorschriften der C.P.O. über die Beweiskraft öffentlicher Urkunden sind durch das Gesetz nicht auf das Verfahren in Angelegenheiten der freiwilligen Gerichtsbarkeit ausgedehnt worden (vgl. § 15 R.F.G.). Maßgebend ist einzig die freie richterliche Würdigung des Sachverhalts. Nur wenn auf Grund derselben das zu bezeugende Erbrecht für festgestellt erachtet wird, ist der Erbschein zu erteilen (§ 2359).

Hieraus ergibt sich zugleich, daß das Erbrecht nur in dem Umfange bescheinigt werden kann, in welchem es für festgestellt erachtet wird. Steht z. B. nicht fest, ob einer von mehreren eingesetzten Erben weggefallen und dadurch sein Erbteil den Miterben angewachsen ist (§ 2094), so kann nicht ein gemeinschaftlicher Erbschein über die ganze Erbschaft für die übrigen Miterben erteilt werden. Andererseits kann auch nicht bezeugt werden, daß der Erblasser von den sämtlichen eingesetzten Erben beerbt worden sei. Es bleibt daher in diesem Falle nichts übrig, als die Ausstellung von Teilerbscheinen in Höhe der Erbteile, die sich im ungünstigsten Falle (nämlich wenn kein Miterbe weggefallen ist) ergeben [2]).

---

[1]) Weißler S. 220.

[2]) Das O.L.G. Köln hat in einer nach preuß. Recht ergangenen Entsch. (Johow XII S. 279 ff.) ausgesprochen, ein verschollener Mit-

Ebenso ist zu verfahren, wenn noch die Geburt von erbberechtigten Personen zu erwarten ist. Auch in diesem Falle können nur Teilerbscheine über die Erbquoten, welche den Antragstellern jedenfalls verbleiben müssen, ausgestellt werden. Dabei wird man als den ungünstigsten Fall die Geburt von Drillingen ins Auge fassen können, einem Vorgange des römischen Rechts bei der Erbteilung folgend (l. 3 D. 5, 4; Gruchot, Preuß. Erbrecht I S. 70)[1].

Ist zweifelhaft, ob der Erbe durch eine Nacherbschaft oder durch eine Testamentsvollstreckung beschränkt ist, so muß, wenn sich der Zweifel nicht beheben läßt, die Beschränkung im Erbschein angegeben werden; denn ein unbeschränktes Erbrecht ist nicht festgestellt. Man darf nicht etwa umgekehrt sagen, die Beschränkung sei nicht aufzunehmen, denn sie sei nicht festgestellt. Die Angabe einer Nacherbfolge oder Testamentsvollstreckung im Erbschein hat keinerlei positive Wirkung; sie hat nicht die Vermutung der Richtigkeit für sich und legitimiert den Nacherben bezw. Testamentsvollstrecker nicht (s. unten § 6); wird dagegen die zweifelhafte Beschränkung nicht in den Erbschein aufgenommen, so entsteht dadurch die Vermutung, daß sie nicht bestehe (§ 2365). Das Schweigen des Erbscheins hat hier

---

erbe sei im Erbschein nur zu bezeichnen, wenn feststehe, daß er den Erbfall erlebte. Dies ist zweifellos richtig. Allein andererseits kann auch nicht bezeugt werden, daß der Erblasser ausschließlich von den ermittelten Personen beerbt worden sei, solange der Wegfall des Verschollenen nicht feststeht. Wenn die angeführte Entsch. sagt, daß mangels einer solchen Feststellung ein gemeinschaftlicher Erbschein für die übrigen Erben allein auszustellen sei, so kann dies nur aus der Notlage erklärt werden, welche in solchen Fällen nach preuß. Rechte entstand, da dieses nur den gemeinschaftlichen, nicht auch den anteiligen Erbschein kannte.

[1]) Zu weit geht die Bemerkung der Mot. V S. 559, daß bis zur Behebung der Ungewißheit über die Erbteile ein Erbschein überhaupt nicht ausgestellt werden könne.

also den Sinn einer Feststellung des Nachlaßgerichtes über das Nichtvorhandensein solcher Beschränkung.

Das Gericht kann einer Entscheidung zweifelhafter Fragen nicht dadurch aus dem Wege gehen, daß es nur die unzweifelhaften Thatsachen bezeugt und sich eines Urteils für die fraglichen Rechtsverhältnisse enthält[1]). Es kann auch nicht etwa, wenn die Giltigkeit einer Verfügung von Todeswegen zweifelhaft ist, ohne eine Entscheidung hierüber zu geben, bekunden, daß im Falle der Giltigkeit X, im Falle der Ungiltigkeit Y Erbe geworden sei[2]).

---

[1]) Äußerst bedenklich sind die Ausführungen des O.L.G. Hamburg im Beschl. vom 13. VII. 00 (Rspr. d. O.L.G. I S. 364). Das Amtsgericht H. hatte die Erteilung eines Erbscheins abgelehnt, da fortgesetzte Gütergemeinschaft eingetreten sei, und daher nur ein Zeugnis nach § 1507 B.G.B. beansprucht werden könne. Auf weitere Beschwerde hat das O.L.G. einen Erbschein erteilt und zur Begründung bemerkt: „Wenn auch erhebliche Gründe für die Richtigkeit der Auffassung des Amtsgerichts im übrigen sprechen, so erscheint es doch bedenklich, die Feststellung zu treffen, daß das Testament eine fortgesetzte Gütergemeinschaft anordnet.“ Es wird weiter ausgeführt, daß der Sinn des Testaments immerhin zweifelhaft sein könne und unter den Beteiligten bestritten sei. Dann fährt der Beschluß fort: „Ist wie hier die rechtliche Wirkung feststehender Thatsachen zweifelhaft, so geschieht dem Gesetz und dem Bedürfnisse der Beteiligten Genüge, wenn die unzweifelhaften Thatsachen bezeugt werden, welche für die Legitimation der Rechtsnachfolger von Erheblichkeit sind.“ Die Anschauung des Amtsgerichtes, daß im Falle der fortgesetzten Gütergemeinschaft die Erteilung eines Erbscheins überhaupt unzulässig sei, war unrichtig (vgl. Götte im Centralbl. f. freiw. Gbkt. 1900 S. 276 ff.). Allein deshalb war die Feststellung, ob fortgesetzte Gütergemeinschaft eingetreten oder nicht, keineswegs überflüssig, da im Falle der fortgesetzten Gütergemeinschaft der Erbschein einen diesbezügl. Vermerk zu enthalten hat (s. oben S. 20). Auch wäre eventuell der Antragsteller zu befragen gewesen, ob er einen Erbschein oder ein Zeugnis nach § 1507 oder beides erstrebe.

[2]) Die preuß. Praxis hat allerdings kein Bedenken getragen, bedingte Erbbescheinigungen auszustellen des Inhalts, daß für den Fall der Ungiltigkeit einer näher bezeichneten Verfügung von Todeswegen

Gründet sich das Erbrecht auf eine anfechtbare Verfügung von Todeswegen, so wird das Nachlaßgericht die Erteilung eines Erbscheins abzulehnen haben, falls mit der naheliegenden Möglichkeit gerechnet werden muß, daß der Anfechtungsberechtigte von seinem Rechte Gebrauch machen werde (§ 2082)[1]). Denn wenn die Anfechtung erfolgt, ergibt sich, daß der in der anfechtbaren Verfügung Eingesetzte gar nicht Erbe wurde. Das Nachlaßgericht kann daher, auch wenn die Anfechtung noch nicht erfolgt ist, nur dann vom gegenwärtigen Erbrecht des Eingesetzten überzeugt sein, wenn es annimmt, daß eine Anfechtung nicht erfolgen werde oder nicht mehr wirksam vorgenommen werden könne.

Der Beschluß, daß ein Erbschein nicht zu erteilen sei, wird wirksam mit der Bekanntmachung an den Antragsteller (§ 16 R.F.G.).

Entschließt sich das Nachlaßgericht einen Erbschein zu erteilen, so beginnt die Wirksamkeit des Erbscheines nicht schon mit der Ausstellung, d. h. mit der Unterschrift des

---

der Antragsteller als gesetzlicher Erbe ausgewiesen sei. Vgl. K.G. in Johow VII S. 29 ff., XIV S. 60 ff., und die oben in § 2 gegen diese Praxis gemachten Ausführungen.

[1]) So mit Recht Strohal S. 273. — Dagegen Planck Anm. 4 zu § 2359.

Die Frage ist derjenigen analog, ob Annahme der Erbschaft Voraussetzung der Erteilung des Erbscheins sei. Denn die Ausschlagung hat wie die Anfechtung die Rechtswirkung, daß der Anfall als nicht erfolgt gilt. (Vgl. § 1953 Abs. 1 und § 142 Abs. 1.)

Hellwig, Rechtskraft S. 459 meint, da der Berufene bis zur Anfechtung der Erbe sei, könne ihm der Erbschein nicht verweigert werden; in dem Erbscheine sei aber auf die Anfechtbarkeit hinzuweisen, womit den Interessen aller Beteiligten gedient sei. Dem kann nicht beigepflichtet werden. Die Verfügungsmacht des einstweiligen Erben würde durch den Vermerk über die Anfechtbarkeit nicht aufgehoben, und seine Verfügungen auf Grund des Erbscheins wären auch dann giltig, wenn sie nach erfolgter Anfechtung, aber vor Einziehung des Erbscheins getroffen wären. § 142 Abs. 2 B.G.B. ändert an diesem Ergebnis nur dann etwas, wenn sich der Dritte den Erbschein hat vorlegen lassen.

Zeugnisses seitens des Richters[1]). Alle gerichtlichen Kundgebungen werden frühestens in dem Augenblicke wirksam, in welchem sie in die Außenwelt treten. Der noch in den Akten liegende, wenn auch schon vom Richter unterschriebene Erbschein ist zunächst noch bloßer Entwurf; der Richter kann ihn vernichten und durch einen anderen ersetzen oder auch sich nachträglich entschließen, gar keinen Erbschein zu erteilen, und niemand hat das Recht, sich auf die Existenz des Entwurfs zu berufen. Der Erbschein wird auch nicht mit der Bekanntmachung an den Antragsteller wirksam, denn er ist keine Verfügung (vgl. § 16 R.F.G.), sondern ein Zeugnis des Nachlaßgerichtes. Die gerichtliche Verfügung, daß ein Erbschein auszustellen sei, ist noch nicht der Erbschein. Wirksam wird der Erbschein mit der Erteilung, d. h. mit der Aushändigung an den Antragsteller oder dessen Vertreter. Denn mit der Erteilung entäußert sich das Nachlaßgericht des Erbscheins; von diesem Augenblicke an gehört der Erbschein dem Rechtsverkehr an, aus dem er wiederum nicht durch bloße Verfügung des Gerichts, sondern nur durch Einziehung oder Kraftloserklärung entfernt werden kann[2]).

Hieraus ergibt sich, daß gegen die Erteilung des Erbscheins keine eigentliche Beschwerde möglich ist, da weder

---

[1]) A. M. Ewoldt S. 37.

[2]) Daß die Behändigung als maßgebender Zeitpunkt für die Wirksamkeit des Erbscheins zu betrachten ist, hängt nicht mit irgend welchen besonderen Vorschriften zusammen, sondern folgt unmittelbar aus der allgemeinen Rechtsnatur des Erbscheins als eines behördlichen Zeugnisses; dasselbe gilt z. B. auch bezüglich der vollstreckbaren Ausfertigung nach § 724 Abs. 2 C.P.O. — Vgl. Weißler S. 44 und 234, Krafft S. 292. Letzterer vergleicht den Akt der Erteilung mit dem der Wechselbegebung; hiedurch wird nichts gewonnen, weil bekanntlich das Wirksamwerden des Wechsels äußerst bestritten ist. In der That hat bereits Rehs S. 18 ff. sich verleiten lassen, ausführlich zu erörtern, ob die Kreationstheorie oder die Emissionstheorie hier anzuwenden sei.

das Nachlaßgericht noch die höhere Instanz die Erteilung rückgängig zu machen im stande ist. An die Stelle der Beschwerde tritt der Antrag auf Einziehung (s. unten § 7), und als solcher wird regelmäßig eine etwa eingelegte Beschwerde aufzufassen sein.

Gegen den Beschluß, durch welchen die Erteilung des Erbscheins versagt wird, findet die Beschwerde nach allgemeinen Grundsätzen statt (§§ 19ff. R.F.G.)[1]. Die Beschwerde steht nicht nur dem Antragsteller zu, sondern jedem, dessen Recht durch die Verfügung beeinträchtigt ist. Wird z. B. der vom Testamentsvollstrecker gestellte Antrag abgelehnt, so kann sich gegen diesen Beschluß auch der Erbe beschweren, welcher zur Verfügung über nicht der Verwaltung des Vollstreckers unterliegende Gegenstände des Erbscheins bezw. einer Ausfertigung desselben bedarf.

Gegen die Entscheidung des Beschwerdegerichtes ist das Rechtsmittel der weiteren Beschwerde zulässig, wenn die Entscheidung auf einer Verletzung des Gesetzes beruht (§ 27 R.F.G.). Wird der Beschwerde oder weiteren Beschwerde abgeholfen, so ergeht an das Nachlaßgericht die Anweisung, einen Erbschein (bestimmten Inhaltes) zu erteilen. Das Beschwerdegericht selbst ist zur Erteilung des Erbscheins nicht zuständig. Denn es handelt sich wie bei den Eintragungen im Grundbuche und in den anderen öffentlichen Registern um eine Beurkundung zu öffentlichem Glauben, und zu solchen Beurkundungen ist nur das Gericht erster Instanz zuständig[2].

---

[1]) Keine Beschwerde findet statt gegen einen Beschluß, der die Erhebung weiterer Beweise anordnet, denn hierin liegt keine Entscheidung, sondern nur eine sachleitende Anordnung. (O.L.G. Jena 24. XI. 00 im Centralblatt f. freiw. Gerichtsbarkeit 1900 S. 725, Planck Anm. 2 zu § 2358).

[2]) Bezüglich der öffentlichen Bücher ist das im Text ausgesprochene Prinzip wohl noch nie angezweifelt worden, weil hier die ausschließliche Zuständigkeit der ersten Instanz ihren sinnfälligen Ausdruck darin hat, daß die Bücher sich in der Verwahrung der ersten Instanz be-

§ 6.

Die Rechtswirkungen des Erbscheins.

Eine gerichtliche Beurkundung hat stets eine gewisse natürliche Vermutung der Richtigkeit für sich. Denn man kann annehmen, daß das Gericht erst nach eingehender Sachprüfung sich zu der Bescheinigung herbeigelassen haben wird. Mit der Ausbildung eines Erbscheinsverfahrens ergaben sich daher die materiellen Wirkungen des Erbscheins gewissermaßen von selbst. Das ältere preuß. Recht (A.L.R., A.G.O., A. Hyp.O.) enthielt nur Vorschriften über das Verfahren bei der Erblegitimation und ihre Notwendigkeit. Und doch hat die Praxis der preußischen Gerichte bezüglich der materiellrechtlichen Wirkungen der Legitimationsurkunde dieselben Rechtsgrundsätze befolgt, wie sie nachmals im preuß. Gesetz vom 12. März 1869 und jetzt im B.G.B. ausdrücklich ausgesprochen sind. Denn es versteht sich beinahe von selbst, daß jede staatliche Behörde die Bescheinigung des Nachlaßgerichtes bis zum Gegenbeweise für richtig erachten und hienach verfahren darf. Und es liegt sehr nahe, daß auch der Privatverkehr in dem Vertrauen auf die Richtigkeit der Beurkundung in dem Maße geschützt wird, als nach dem Rechtssystem andere gerichtliche Beurkundungen über Rechtsverhältnisse öffentlichen Glauben genießen [1]).

Wie die natürliche Vermutung für die Richtigkeit der behördlichen Bescheinigung die Grundlage für den Schutz

---

finden. — Die oben S. 69 Anm. 1 besprochene Entscheidung des O.L.G. Hamburg geht auch darin fehl, daß das O.L.G. den Erbschein selbst erteilt hat.

[1]) Auch das französische Recht kennt, wie Hillenkamp S. 24 ff. berichtet, Erbzeugnisse, die vom Notar oder Friedensrichter dem Erben nach Prüfung seiner Berechtigung erteilt werden. Über die materielle Wirkung dieser Zeugnisse enthält es keine positiven Bestimmungen. Trotzdem erkennen die franz. Juristen einen Schutz des redlichen Dritten, der vom legitimierten Nichterben erwirbt, an.

des auf die Bescheinigung vertrauenden Verkehres bildet, so baut das B.G.B. auch äußerlich auf der von ihm aufgestellten Rechtsvermutung für die Richtigkeit des Erbscheins die Vorschriften über den öffentlichen Glauben auf.

I. Die Vermutung des § 2365.

Der Erbschein ist eine öffentliche Urkunde. Trotzdem kann, wie schon oben im § 2 bemerkt wurde, seine Beweiskraft im allgemeinen nicht auf die Vorschriften der C.P.O. gestützt werden. Denn der Erbschein beurkundet keine dem Nachlaßgerichte gegenüber abgegebene Erklärung (§ 415 C.P.O.), er enthält keine Anordnung, Verfügung oder Entscheidung (§ 417 C.P.O.), sondern ein Zeugnis, und er bezeugt nicht Thatsachen, sondern Rechtsverhältnisse (§ 418 C.P.O., s. oben § 2). Eben darum ginge es auch zu weit, dem Zeugnisse die volle Beweiskraft für seinen Inhalt beizulegen. Das B.G.B. beschränkt sich daher auf eine einfache Vermutung, welche durch jede Art des Gegenbeweises, auch durch Eideszuschiebung, widerlegt werden kann[1]).

Die aufgestellte Vermutung hat eine doppelte Richtung.

Positiv wird vermutet, daß demjenigen, welcher in dem Erbschein als Erbe bezeichnet ist, das in dem Erbschein angegebene Erbrecht zustehe. Die Vermutung bezieht sich sowohl auf die Größe des Erbteils als auch auf den Umfang des Erbrechtes[2]), nicht aber auf den Bestand des Nachlasses.

---

[1]) C.P.O. § 292, Mot. V S. 567.

[2]) Aus dem Prinzip der Universalsuccession ergibt sich, daß die Erbfolge das gesamte Vermögen des Erblassers ergreift; wird also einfach die eingetretene Beerbung bezeugt, so hat dies den Sinn, daß eine uneingeschränkte Gesamtnachfolge eingetreten sei. Erstreckt sich ausnahmsweise die Erbfolge nicht auf das gesamte Vermögen des Erblassers, weil für einen Teil derselben eine besondere Folgeordnung gilt oder fortgesetzte Gütergemeinschaft eintritt, so ist das Erbrecht selbst seiner Art nach ein von der Regel abweichendes. Die Vermutung für „das

In negativer Hinsicht wird bezeugt, daß der bezeichnete Erbe nicht durch andere als die angegebenen Anordnungen beschränkt sei. Es wird also vermutet, daß etwaige Beschränkungen vollständig angegeben sind. Dies bezieht sich jedoch nur auf solche Beschränkungen, welche, wenn sie angeordnet sind, im Erbscheine angegeben werden müssen, also nur auf die durch Anordnung einer Nacherbfolge oder Ernennung eines Testamentsvollstreckers herbeigeführten Beschränkungen, nicht aber auf die Beschränkungen des Erben durch Eröffnung des Nachlaßkonkurses oder Anordnung der Nachlaßverwaltung.

Dafür, daß im Erbschein bemerkte Beschränkungen thatsächlich bestehen, hat das Gesetz keine Vermutung aufgestellt (a. M. Krafft S. 272, Planck Anm. 2b zu § 2365). Eine solche Vermutung könnte ja nur gegen den Erben geltend gemacht werden und würde daher dem eigentlichen Zwecke des Erbscheines zuwiderlaufen. Wenn Krafft a. a. O. ausführt, § 2365 enthalte implicite auch eine Vermutung für das Vorhandensein der im Erbschein beurkundeten Beschränkungen, da die bloße Vermutung für das Fehlen der nicht angegebenen Beschränkungen schon aus den allgemeinen Grundsätzen über die Beweislast folgen würde, so ist zwar letztere Bemerkung richtig, allein man darf darum noch nicht der negativen Vermutung des § 2365 zugleich einen positiven Inhalt unterlegen; denn § 2365 hat neben seiner materiellen Bedeutung noch den spezifisch gesetzestechnischen Zweck, den Inhalt des in den folgenden

---

angegebene Erbrecht" (§ 2365) bezieht sich daher auch darauf, daß eine fortgesetzte Gütergemeinschaft nur eingetreten ist, wenn sie im Erbschein erwähnt wird. Für die Fälle der Sonderfolge nach Lehensrecht, Fideikommißrecht u. s. w. ist die Frage ohne praktische Bedeutung, weil hier das Landesrecht maßgebend ist (Art. 57 ff. E.G. z. B.G.B. — Art 61 macht für das Erbscheinsrecht keine Ausnahme von der Zulassung der landesgesetzlichen Vorschriften).

Paragraphen normierten öffentlichen Glaubens des Erbscheins anzugeben, und hiefür ist die negative Wendung in § 2365 erheblich, während ein gutgläubiger Erwerber sich nie auf den Glauben an die positive Richtigkeit einer angegebenen Beschränkung der Verfügungsmacht des Erben wird berufen wollen und können.

Soweit die Vermutung reicht, kann sie gegen jedermann geltend gemacht werden; insbesondere kann der als Erbe Bezeichnete sich auch gegenüber einem anderen Erbansprecher auf die Vermutung berufen und demselben so die Beweislast aufbürden. Auch gegen den Erben, zum Nachweise seiner Passivlegitimation, kann die Vermutung verwendet werden.

Aus der Vermutung für das Erbrecht des Zeugniserben folgt, daß alle zum Nachlaß gehörigen Rechte sowie der Besitz an den Sachen, an denen der Erblasser Besitz hatte, als auf ihn übergegangen angesehen werden (§ 1922 Abs. 1, § 857). Dagegen darf man nicht sagen, daß durch die Erteilung des Erbscheins der durch denselben Ausgewiesene den Besitz der Nachlaßgegenstände thatsächlich erlange[1]). Allerdings ist seine Rechtsstellung insofern derjenigen eines Besitzers vergleichbar, als er sein Recht nicht zu beweisen braucht, sondern die Führung des Gegenbeweises abwarten kann. Allein darum ist der Zeugniserbe noch nicht Besitzer der Erbschaftsgegenstände.

Um die praktische Bedeutung der Vermutung klar zu stellen, bedarf es eines Eingehens auf die Frage, wie sich der Beweis des Erbrechtes gestaltet, wenn ein Erbschein nicht erteilt ist. Daß der Beweis des Erbrechts auch auf andere Weise geführt werden kann als durch den

[1]) Unrichtig Kuhlenbeck, Von den Pandekten zum B.G.B. III S. 449; Endemann III S. 523 drückt sich mindestens mißverständlich aus, vgl. gegen ihn Strohal S. 376 Anm. 3.

Erbschein, kann ja keinem begründeten Zweifel unterliegen[1]).

Der Beweis des Erbrechts gehört zur Klagebegründung in zwei Fällen: wenn der Erbe ein durch das Erbrecht auf ihn übergegangenes Einzelrecht geltend macht, insbesondere eine zum Nachlaß gehörige Forderung einklagt, und wenn ein Erbprätendent gegen einen anderen den Erbschaftsanspruch verfolgt.

Die Beweislast des Klägers muß in beiden Fällen eine verschiedene sein[2]).

Mit dem Erbschaftsanspruche dringt durch, wer ein besseres Recht zur Erbschaft hat, als der Erbschaftsbesitzer. Beweist daher der Kläger einen Thatbestand, welcher an sich geeignet ist, ein Erbrecht zu begründen, so muß der Beklagte ein gleich nahes oder näheres Erbrecht darthun, um nicht zu unterliegen. Der Erbschaftsschuldner dagegen braucht nur dem wahren Erben zu leisten, wie er (wenn kein Erbschein erteilt ist) nur durch Leistung an den wahren Erben befreit wird. Dem Erbschaftsschuldner gegenüber genügt daher nicht der Beweis, daß der Kläger zum Erblasser in einem Verhältnisse stand, welches an sich eine Erbfolge begründen kann; vielmehr muß hier der Kläger darthun, daß er thatsächlich Erbe geworden ist, d. h. daß keine näheren Erben als er in Betracht kommen. Hier ist also auch ein Negatives zu beweisen[3]). Denn diese negative

---

[1]) R.G. 19. VIII. 00 in Gruchots Beiträgen 1901 S. 1036f.

[2]) Diese in der gemeinrechtlichen Litteratur und Praxis (s. unten) viel erörterte Unterscheidung wird, soweit ich sehe, in keiner Bearbeitung des bürgerlichen Rechts gemacht. Vielmehr wird, sofern die Frage der Beweislast überhaupt besprochen wird, die für den Erbschaftsanspruch angemessene Regelung der Beweislast einfach als allgemein giltig vorgetragen; vgl. insbes. Cosack III § 400: „Für den Beweis des gesetzl. Erbrechts genügt es, wenn der Erbe darthut, daß er mit dem Erblasser irgendwie verwandt oder daß er der Ehegatte des Erblassers sei.“ Ähnlich Beckh, Beweislast S. 275.

[3]) Beckh, Beweislast S. 88ff., sucht den Satz: negativa non sunt

Thatsache gehört zum rechtsbegründenden Thatbestand: sind zur Zeit des Erbfalls Näherberechtigte vorhanden gewesen und noch vorhanden, so ist ein Recht des Klägers nie zur Entstehung gelangt[1]).

Dagegen ist das Vorhandensein eines Testaments, durch welches die Intestaterbfolge ausgeschlossen oder eingeschränkt wird, allerdings als rechtsvernichtende Thatsache zu betrachten und daher vom Beklagten, mag er als Erbschaftsbesitzer oder als Nachlaßschuldner belangt sein, nach-

---

probanda als Rechtsregel dadurch zu begründen, daß er darauf hinweist, daß ein direkter Beweis negativer Thatsachen unmöglich ist. Allein dies kann für die Frage der Beweislast nicht als maßgebend erachtet werden. Daß auch negative Thatsachen (wenn auch indirekt) bewiesen werden können, ist unbestritten; die Art des erforderlichen Beweises kann über das Maß desselben nicht entscheiden, sondern nur im Beweisverfahren Berücksichtigung finden (vgl. den Überzeugungseid nach § 459 Abs. 3 C.P.O. und die Fassung der eidesstattlichen Versicherung nach § 2356 Abs. 2 B.G.B.).

[1]) Ebenso für das gemeine Recht schon das Erkenntnis des Oberappelationsgerichts zu Jena von 1832 (Seufferts Arch. XII Nr. 305). Auch Bähr in Iherings Jahrbüchern Bd. I S. 479 f. führt aus, es sei eine „grobe Ungerechtigkeit", auf Grund eines Nachweises, wie er beim Erbschaftsanspruch genüge, den Erbschaftsschuldner zur Zahlung zu verurteilen; Bähr will dem Schuldner in Ermangelung eines vollen Beweises des Erbrechtes das Recht geben, nur gegen Sicherheit zu leisten. Hiefür ist nach geltendem Recht jedenfalls kein Raum. — Reiches Material über die Behandlung der Frage nach gemeinem sowie nach preuß. Recht findet sich in Gruchot, Preuß. Erbrecht Bd. I S. 224 ff.; vgl. ferner neuerdings die Entscheidung des R.G. vom 2. II. 83 in Bd. 8 S. 172 f. („Die Voraussetzungen für den Nachweis der Aktivlegitimation sind verschieden, je nachdem die Erbschaftsklage oder ein in der Person des Erblassers entstandener Anspruch gegen den Schuldner desselben geltend gemacht wird.") — Vgl. gegen die hier vertretene Unterscheidung Windscheid III § 615 Anm. 13 und Köppen, Erbrecht § 50 Anm. 8. — Eine gewisse unterschiedliche Behandlung findet sich schon in manchen Stadtrechten; vgl. Heusler, Institutionen des D. Privatrechts II S. 562 f. („Das Verfahren ist etwas verschieden, je nachdem der im Gute Sitzende selber Erbe zu sein behauptet oder nicht" u. s. w.)

zuweisen. Das Gleiche gilt, wenn der Kläger sich auf ein Testament stützt, von dem Einwande, der Erblasser habe dasselbe durch ein späteres aufgehoben[1]).

Die in vorstehenden Ausführungen vertretene Regelung der Beweislast bei Geltendmachung von Einzelansprüchen aus dem Nachlasse ist nach dem B.G.B. noch mehr als nach gemeinem Rechte geboten. Denn das B.G.B. gibt im Erbscheinsverfahren dem Erbansprecher ein bequemes Mittel, sein Erbrecht ein für allemal nachzuweisen[2]). Verschmäht der Erbansprecher diesen Weg oder lehnt das Nachlaßgericht die Erteilung eines Erbscheins aus sachlichen Bedenken ab, so kann es nicht dem Geiste des Gesetzes entsprechen, daß der angebliche Erbe nur irgend ein Verwandtschaftsverhältnis zum Erblasser nachzuweisen brauchte, um im Prozeß gegen den Erbschaftsschuldner zu siegen. Vielmehr muß auch hier von dem Erben der allerdings auf negative Thatsachen gerichtete Beweis, daß er der nächste Erbe ist, gefordert werden. Umfang und Art des Nachweises werden sich im Erbscheinsverfahren und im Rechtsstreit gegen den Nachlaßschuldner im wesentlichen gleich gestalten. Denn der Erbansprecher, welcher sein Verwandtschaftsverhältnis dargethan hat, wird regelmäßig vom Gerichte zum Eid darüber zugelassen werden, daß er nach sorgfältiger Prüfung und Erkundigung die Überzeugung nicht erlangt habe, daß Personen vorhanden seien, durch die er von der Erbfolge ausgeschlossen oder sein Erbteil gemindert werden würde (vgl. §§ 475, 459 Abs. 3 C.P.O.); mit dem Beweise der negativen Voraussetzung seines Erbrechts wird daher auch im Civil-

---

[1]) Ebenso für das gemeine Recht die von Gruchot, Preuß. Erbrecht I S. 225 angeführten Erkenntnisse.

[2]) Hievon ausgehend, sagt Weißler S. 233: „Der Beweis des Erbrechts ist der Beweis, der nächste Erbe zu sein, und es können an den Beweis im Prozeß nicht geringere Anforderungen wie bei Erwirkung des Erbscheins gestellt werden."

prozeß dem Erbprätendenten nichts Ungebührliches zugemutet.

II. Der Erbschein als Legitimation gegenüber Behörden.

Nur das Prozeßgericht kann seine Überzeugung schon auf eine bloße Rechtsvermutung stützen. Über die Aufstellung einer Vermutung hinaus gehen die Bestimmungen, welche andere Gerichte der Pflicht eigener Feststellung des Erbrechtes bei Vorliegen eines Erbscheines entbinden.

Solche Vorschriften enthält in erster Linie die Grundbuchordnung (§§ 36 f., vgl. §§ 52 f. G.B.O.). Sie beruhen auf dem Gedanken, daß das Nachlaßgericht besser als jede andere Behörde, insbesonders auch besser als das Grundbuchamt, zur Prüfung der Erbberechtigungen im stande ist. Hat das Nachlaßgericht nach der gesetzlich vorgeschriebenen eingehenden Beweiserhebung das Erbrecht bescheinigt, so muß eine selbständige Sachprüfung des Grundbuchamtes für überflüssig erachtet werden. Damit soll nicht gesagt sein, daß das Grundbuchamt an die Feststellungen des Erbscheins unbedingt gebunden sei; erkennt es den Erbschein als unrichtig, so kann es die auf Grund desselben beantragte Eintragung verweigern[1]).

Das Gesetz geht, um nicht dem Grundbuchamte eine Thätigkeit aufzubürden, welche zweckmäßiger vom Nachlaßgerichte vorgenommen wird, noch einen Schritt weiter. Es bestimmt, daß in allen Fällen, in denen der Nachweis der Erbfolge nicht durch Vorlage einer in öffentlicher Urkunde enthaltenen Verfügung von Todeswegen nebst dem Protokolle über deren Eröffnung erbracht werden kann, er nur durch einen Erbschein geführt werden kann. Hat das Grundbuchamt trotz Vorlage der öffentlich beurkundeten Verfügung von Todeswegen Bedenken, so kann es

[1]) Weißler S. 232, K.G. Johow XV S. 109 ff.

auch hier auf der Vorlegung eines Erbscheins bestehen. Der Nachweis durch Erbschein ist also jedenfalls dann immer notwendig, wenn die Erbberechtigung auf dem Gesetz oder einem privatschriftlichen Testament beruht.

Die besprochenen Vorschriften der Grundbuchordnung sind bezüglich der Eintragungen im Schiffsregister für entsprechend anwendbar erklärt worden (§ 107 R.F.G.). Auch für Umschreibungen im Reichsschuldbuch wird nach § 11 des R.Ges. vom 31. Mai 1891 (R.G.Bl. S. 321) ein Erbschein zu fordern sein, wenn der Nachweis der gesetzlichen Erbfolge zu erbringen ist. Denn das B.G.B. kennt für die Regel keine gegenständlich beschränkten Erbrechtszeugnisse des Nachlaßgerichts (s. oben S. 28 f.).

Noch in einer Anzahl anderer Gesetze hat der legislatorische Zweck, die mit der Prüfung der Erbfolge verbundene Geschäftslast und Verantwortung anderen Behörden als dem Nachlaßgerichte zu ersparen, Verwirklichung gefunden, indem der Nachweis der Erbfolge durch Erbschein teils zugelassen teils vorgeschrieben wurde. Zu nennen sind in diesem Zusammenhange insbesondere C.P.O. §§ 727 f. und Zw.V.G. § 17.

III. Der öffentliche Glaube des Erbscheins.

Das Gesetz kann und will von dem rechtsgeschäftlichen Verkehr nicht eine sorgfältigere Prüfung der Legitimation angeblicher Erben verlangen, als es seinen eigenen Organen (dem Grundbuchamte u. s. w.) zur Pflicht macht. Wer sich im redlichen Rechtsverkehr auf die Richtigkeit des behördlichen Zeugnisses verläßt, der soll nicht durch sein Vertrauen zu Schaden kommen.

Diesem Gedanken vornehmlich entspringen die Rechtssätze über den öffentlichen Glauben des Erbscheins, ebenso wie die entsprechenden Normen des Grundbuchrechtes[1]).

[1]) In diesem Sinne äußerte Otto Bähr als Referent des Ausschusses der preuß. Abgeordnetenkammer über den Entw. des Gesetzes betr.

Allerdings kann der redliche Erwerber nur auf Kosten des wahren Berechtigten geschützt werden; aber die der Beurkundung vorhergehende amtliche Prüfung gewährleistet, daß fast immer die wahre Rechtslage der bescheinigten entsprechen wird, und darum nimmt das Gesetz die immerhin vorhandene Gefährdung wohl erworbener Rechte in Kauf. „Allermaßen es besser ist, daß zuweilen Einer durch sein oder eines anderen Schuld Schaden leide, als daß die Eigenthums-Rechte aller angewandten möglichen Vorsicht unerachtet in Ungewißheit bleiben [1].“

Im Interesse des redlichen Verkehrs wird also, soweit der öffentliche Glaube des Erbscheins reicht, die Sicherheit des Rechtserwerbs bevorzugt vor der Sicherheit des Rechtsbestandes [2].

Die Art der Wirkungen des öffentlichen Glaubens läßt sich kurz dahin charakterisieren: Der Erbschein legitimiert nach außen hin den Zeugniserben zur Verfügung über den Nachlaß. Der Zeugniserbe gilt als erbberechtigt. Er wird nicht dadurch zum Erben, daß der Erbschein ihm das Erbrecht beilegt. Der Erbschein wirkt so wenig als das Grundbuch formale Rechtskraft. Denn er enthält

---

die Ausstellung gerichtlicher Erbbescheinigungen (Sten. Ber. 1868/69 II S. 1615 f.): „Der Entwurf geht in dieser Beziehung ... parallel mit dem uns gleichzeitig vorliegenden Entwurf über den Eigentumserwerb.“

[1] So die Schles. Hypothekenordnung von 1750 in § 5 zur Motivierung der Präclusionswirkungen des Aufgebots (Nov. Corp. Const. March. Nr. 32 aus 1753).

[2] Ungenau ist die übliche Wendung, welche den Schutz des guten Glaubens mit dem Interesse der Rechtssicherheit rechtfertigt. Unter Rechtssicherheit kann man sowohl die Sicherheit des Rechtserwerbs als die Sicherheit des Rechtsbestandes verstehen. Welche von beiden Erwägungen für den Gesetzgeber ausschlaggebend ist, richtet sich nach den wirtschaftlichen Verhältnissen: bei geringem Verkehr und stabilem Besitzstand wird die Rechtssicherheit gesehen im Schutz der erworbenen Rechte; ein lebhafter Geschäftsverkehr fordert den Schutz des Rechtserwerbs.

keine Entscheidung über streitiges Recht, die demjenigen, zu dessen Gunsten sie lautet, selbst zu Gute kommen soll, sondern nur eine Beurkundung von Rechtsverhältnissen, bestimmt, Dritten eine eigene Legitimationsprüfung zu ersparen.

Selbstverständlich bildet der Erbschein keinen Ausweis über die Identität seines Inhabers mit dem darin bezeichneten Erben[1]). Zu öffentlichem Glauben bezeugt wird nur, daß dem im Erbscheine Genannten das Erbrecht zustehe.

Der Zeugniserbe gilt auch nicht etwa kraft Gesetzes als Vertreter des wahren Erben[2]).

Ein durch den Zeugniserben gemachter Erwerb kommt daher nicht dem wahren Erben zu Gute. Wenn z. B. ein Nachlaßgläubiger durch Vertrag mit dem Zeugniserben diesem eine Nachlaßschuld erläßt, so kann hieraus der wahre Erbe keine Rechte ableiten. Ebenso verhält es sich mit dem Erwerb einer Grunddienstbarkeit für eine Nachlaßsache, mit der Befreiung eines Erbschaftsgegenstandes von einer Belastung u. s. w.[3]). Damit ist natürlich nicht ausgeschlossen, daß auf Grund besonderer Gesetzesvorschriften eine Rechtshandlung des Zeugniserben dem wahren Erben unmittelbar zu statten kommen kann. Vielmehr kann dies namentlich kraft des in § 2019 enthaltenen Surrogationsprinzips der Fall sein (wenn der Zeugniserbe zugleich Erbschaftsbesitzer ist). Ein weiteres Beispiel bietet § 1163: befriedigt der Zeugniserbe den Hypothekengläubiger, so erlischt die Forderung (§§ 267, 362) und damit erwirbt der Eigen-

---

[1]) Rehs S. 36.

[2]) Der Entwurf zum Preuß. Gesetz von 1869 besagte in § 6: „Durch die Erbbescheinigung wird der darin genannte Erbe zur Vornahme aller einem Erben hinsichtlich des Nachlasses zustehenden Rechtshandlungen ermächtigt." Dieser Satz wurde vom Herrenhaus mit Recht gestrichen. Er wäre mindestens mißverständlich gewesen.

[3]) Mot. V S. 570.

tümer, d. i. der wahre Erbe, die Hypothek, wenn nicht zufällig der Zeugniserbe der Schuldner der Hypothekforderung war (§§ 1163 Abs. 1 Satz 2, 1143, 1164).

Andererseits haftet der wahre Erbe nicht für Schulden, welche der Zeugniserbe eingegangen hat; solche Verbindlichkeiten gehen vielmehr nur den letzteren an. Das gilt auch dann, wenn z. B. der Zeugniserbe einen Kaufvertrag über einen Nachlaßgegenstand abschließt. Denn ein solcher obligatorischer Vertrag ist in seinem Bestande nicht abhängig von dem Erbrechte des Zeugniserben und dem sich daraus ergebenden Rechte über die Sache zu verfügen[1]).

Der Inhalt des öffentlichen Glaubens ist der der Vermutung (s. oben S. 74 f.). Es versteht sich, daß derjenige, der sich auf den Inhalt des Erbscheins beruft, den ganzen Inhalt gelten lassen muß. Wer vom Zeugniserben eine Nachlaßsache unentgeltlich erwarb, dem nützt die Berufung auf den Erbschein nicht, wenn dieser die Einsetzung eines Nacherben angibt, und zwar selbst dann nicht, wenn die Angabe ebenso unrichtig ist wie die des Erben (vgl. § 2113 Abs. 2 u. 3 B.G.B. und Hachenburg, Vorträge S. 174).

Voraussetzung und Umfang der Legitimationskraft des Erbscheins sind nun im einzelnen zu bestimmen.

Das Gesetz will Dritte, welche mit dem Zeugniserben in rechtsgeschäftlichen Verkehr treten, vor Schaden bewahren. Hiezu wäre eigentlich nur die Aufrechterhaltung der entgeltlichen Rechtsgeschäfte erforderlich. Das B.G.B. macht aber — im Gegensatz zum preuß. Recht — keinen Unterschied zwischen entgeltlichen und unentgeltlichen Rechtsgeschäften. Es will vor allem die dingliche Rechtslage klar stellen und sie nicht von der Entscheidung der oft so zweifelhaften Frage der Entgeltlichkeit abhängig machen. Allerdings soll auch nach B.G.B. niemand durch einen unentgeltlichen Erwerb aus dem Vermögen eines ganz Unbeteiligten einen

---

[1]) Strohal S. 378.

Gewinn machen; dieser Gedanke wird aber durch einen rein obligatorischen Bereicherungsanspruch verwirklicht (§ 816).

Geschützt wird der Erwerb durch Rechtsgeschäft. Keinen Schutz genießt daher der Erwerb durch Zwangsvollstreckung und kraft Gesetzes.

Den Erwerb durch Zwangsvollstreckung auch für den Fall aufrecht zu erhalten, daß das Exekutionsobjekt nicht dem Schuldner gehört, besteht keine Veranlassung. Denn dadurch würde nicht etwa der Gläubiger vor Schaden infolge seines Vertrauens auf das beurkundete Recht bewahrt, sondern er würde einen völlig unberechtigten Gewinn zum Schaden des wahren Berechtigten machen. Auch würde das Exekutionsobjekt nicht durch den anscheinend Verfügungsberechtigten, sondern durch den Gläubiger selbst dem Vermögen des wahren Berechtigten entzogen. Diese Erwägungen treffen jedoch nicht zu, wenn der Gläubiger mit dem Schuldner ein den Erwerb eines bestimmten Gegenstandes bezweckendes Rechtsgeschäft abgeschlossen hat und der Schuldner, weil er die zum dinglichen Vollzug des Vertrags erforderliche Willenserklärung oder Uebergabe der Sache verweigert, hiezu gezwungen werden muß. In diesen Fällen (C.P.O. §§ 894, 897 tritt die Zwangsvollstreckung — welche im Falle des § 894 Abs. 1 Satz 1 schon im Urteile enthalten ist — an Stelle des eigentlich zwischen Gläubiger und Schuldner vorzunehmenden Vollzugsgeschäftes[1]), und darum bestimmt § 898 C.P.O., daß auf einen Erwerb, der sich nach den §§ 894, 897 vollzieht, die Vorschriften des bürgerlichen Rechts zu Gunsten derjenigen, welche Rechte von einem Nichtberechtigten herleiten, Anwendung finden. Hatte daher z. B. der Gläubiger eine zum Nachlasse gehörige Forderung dem Zeugniserben abgekauft, ohne daß der Kaufvertrag die Abtretung schon enthielt, so geht mit der Rechtskraft des Urteils, durch

[1]) Es handle sich hier „im Grunde um einen rechtsgeschäftlichen Erwerb", sagen Prot. III S. 78.

welches der Schuldner zur Abtretung verurteilt wird, die Forderung auch dann auf den Gläubiger über, wenn ein anderer als der Verurteilte in Wahrheit Erbe ist.

Der Gegensatz zwischen rechtsgeschäftlichem und gesetzlichem Erwerbe wird in der Regel dahin formuliert, daß als rechtsgeschäftlicher Erwerb der auf einem Rechtsgeschäfte beruhende bezeichnet wird[1]). Diese Abgrenzung bedarf noch der Erörterung. Zunächst ist zu bemerken, daß auch dann rechtsgeschäftlicher Erwerb vorliegt, wenn der Thatbestand des Erwerbs außer dem Rechtsgeschäfte noch andere Momente, wie z. B. die Eintragung in ein öffentliches Buch erfordert. Andererseits liegt nicht immer, wenn ein Erwerb auf Rechtsgeschäft beruht, rechtsgeschäftlicher Erwerb vor, sondern nur dann, wenn das Rechtsgeschäft auf den Erwerb abzielt; daher erwirbt z. B. der Bürge, welcher den Gläubiger befriedigt, dessen Forderung „kraft Gesetzes", obwohl der Erwerb auf der Verbürgung und Zahlung, mithin ausschließlich auf Rechtsgeschäften beruht[2]).

[1]) So z. B. Mot. III S. 382.

Nur die Rechtsnatur des Erwerbsaktes, nicht die causa des Erwerbs steht in Frage; a. M. Rehs S. 43f., welcher einen Erwerb durch Rechtsgeschäft schon dann annimmt, wenn dem Erwerb ein obligatorisches Rechtsgeschäft nur zu Grunde liegt.

[2]) Verbindet sich mit dem durch Rechtsgeschäft gemachten und nach den Vorschriften über den öffentlichen Glauben geschützten Erwerb notwendig ein weiterer Erwerb, so wird auch dieser accessorische Erwerb geschützt, eben weil er sich mit gesetzlicher Notwendigkeit aus der Aufrechterhaltung des rechtsgeschäftlichen Erwerbes ergibt. Wer eine durch ein Pfandrecht an einem Erbschaftsgegenstande gesicherte Forderung durch Abtretung seitens des Zeugniserben erwirbt, erwirbt auch das Pfandrecht, nicht obwohl, sondern weil kraft Gesetzes mit der Übertragung der Forderung das Pfandrecht auf den neuen Gläubiger übergeht (§ 1250, 1273 Abs. 2. — Der Fall ist nur denkbar, wenn der Zeugniserbe in Wahrheit nicht Erbe ist, da sonst das Pfandrecht infolge Konfusion durch den Erbgang erloschen wäre). Dasselbe gilt, soweit schon der bloße rechtsgeschäftliche Erwerb einer Rechtsstellung (nicht nur eines eigentlichen Rechts) geschützt ist. Ist die auf Grund

Endlich erfordert die Bedeutung der Worte „durch Rechtsgeschäft erwirbt" in § 2366 (und ebenso in § 892) noch eine Einschränkung, die sich aus dem Begriffe des rechtsgeschäftlichen Erwerbes nicht entnehmen läßt. Es ist nicht einzusehen, warum der auf Testament oder Erbvertrag beruhende Erwerb kein rechtsgeschäftlicher sein sollte. Und doch ist man sich mit Recht allgemein darüber einig, daß z. B. der vom Zeugniserben eingesetzte Erbe sich nicht auf den seinem Erblasser erteilten unrichtigen Erbschein berufen kann. Der Grund liegt darin, daß das Gesetz nur den wirtschaftlichen Verkehr schützen will und daher in § 2366 und § 2367 nur an solche Rechtsgeschäfte denkt, welche dem Wirtschaftsleben angehören, nicht aber an die rein familienrechtlichen und erbrechtlichen Rechtsgeschäfte.

Als Beispiele nicht „rechtsgeschäftlichen" und daher nicht geschützten Erwerbs seien genannt der Erwerb durch eheliche Gütergemeinschaft, durch ehemännliche oder elterliche Nutznießung, durch Erbgang. Ein Schutz dessen, welchem der Zeugniserbe ein Vermächtnis aus der ihm nicht zukommenden Erbschaft zugewandt hat, kommt nicht in Frage, da der Bedachte nur ein Forderungsrecht gegen den Erben des Zeugniserben erwirbt und auf letzteren der Gegenstand nicht übergeht.

Keine Rechtsgeschäfte sind die Prozeßhandlungen; sie dürfen auch nicht im Wege der Analogie den Rechts-

eines zur Erbschaft gehörigen Rechts an den Zeugniserben bewirkte Leistung nach § 2367 wirksam, so ist der Leistende oder ein Dritter auch in jedem Rechtserwerb geschützt, den das Gesetz als unmittelbare Folge einer wirksamen Leistung betrachtet. Auf den Bürgen z. B., welcher den Zeugniserben wegen einer Nachlaßforderung befriedigt, geht gemäß § 774 B.G.B. die Forderung über. Weitere Beispiele bieten die §§ 268, 1143, 1163, 1177. — Vgl. auch Strohal S. 385 ff., der jedoch seine Entscheidung nicht auf die accessorische Natur des gesetzlichen Erwerbs in diesen Fällen stützt, sondern auf den besonderen Zweck des § 2367, auf den er daher diese Entscheidung beschränkt.

geschäften gleichgestellt werden[1]. Wer mit dem Zeugniserben über einen Nachlaßgegenstand Prozeß geführt hat, kann das Urteil nicht gegen den wahren Erben geltend machen, wenn sich der Erbschein als unrichtig herausstellt.

Der Schutz tritt nur ein, wenn ein Rechtsgeschäft vorliegt, das auf seiten des Zeugniserben eine Verfügung über den Nachlaß enthält.

Unter den Begriff der Verfügung fallen alle Rechtsgeschäfte, welche nicht bloß unter den Parteien, sondern absolut wirken. Die Verfügung beeinflußt das Recht, über welches verfügt wird, unmittelbar[2].

---

[1]) Dies versucht Hellwig (Wesen und subjektive Begrenzung der Rechtskraft 1901, und resümierend im „Recht" 1902 S. 64 f.) mit eingehender, aber nicht überzeugender Begründung. Das den Vorschriften über den öffentlichen Glauben zu Grunde liegende allgemeine Prinzip, von dem die Motive Bd. III S. 135 sprechen und das Hellwig auf die Prozeßführung anwenden will, bezieht sich eben nur auf den rechtsgeschäftlichen Verkehr, und eine analoge Ausdehnung dieses Grundsatzes, der sich immerhin selbst wieder als Ausnahme von einem höheren Prinzip darstellt, muß jedenfalls innerhalb der Schranken des rechtsgeschäftlichen Verkehrs sich bewegen. Gegen Hellwig haben sich ausgesprochen: L. Seuffert, Anm. 8 zu § 325 C.P.O., Gaupp-Stein zu § 325 IV a. E. Vgl. Planck, Kommentar z. B.G.B. I S. 40 ff., 148 (2. Aufl.) und Binder in Bernhöft und Binder's Beiträgen Heft 2 S. 103 ff., insbes. S. 112. — Ausnahmsweisen Schutz des Erwerbs durch Prozeßakte enthalten die §§ 898, 894, 897 C.P.O., welche Fälle Hellwig auffallenderweise nicht heranzieht.

Eine andere Frage ist, ob es nicht de lege ferenda wünschenswert wäre, wenn die Prozeßführung mit dem Zeugniserben über Nachlaßgegenstände dem redlichen Gegner ebenso zu statten käme, wie der Abschluß von Rechtsgeschäften mit demselben. Ich möchte diese Frage bejahen. — Zu beachten ist auch, daß nach preuß. Recht, wenigstens vor dem Inkrafttreten der C.P.O., das gegen den Zeugniserben erstrittene rechtskräftige Urteil gemäß A.G.O. I 5 § 4 Nr. 6 gegen den wahren Erben wirkte: vgl. hierüber Mot. z. preuß. Gesetzentw. über Erbbescheinigungen (Drucks. d. preuß. Herrenhauses 1868/69 Nr. 7 S. 13).

[2]) Eine etwas engere Begriffsbestimmung gibt Planck in Vorb. IX 4 z. 3. Abschn. des Allg. Teils d. B.G.B.: „diejenigen Rechtsge-

Nicht notwendig ist, daß durch die Verfügung ein dingliches Recht begründet, aufgehoben oder beeinflußt wird. Auch über Forderungen kann man „verfügen“, etwa durch Abtretung. Selbst die Verfügung über eine Sache braucht nicht notwendig ein dingliches Rechtsgeschäft zu sein. Es genügt, wenn das in Ansehung der Sache vorgenommene Rechtsgeschäft irgend welche absolute, das Recht an der Sache unmittelbar beeinflussende Wirkung hat. Strohal (S. 390 Anm. 26) wirft die Frage auf, ob der vom Eigentümer eines Grundstücks vorgenommene Abschluß eines Miet- oder Pachtvertrages in Verbindung mit der Besitzüberlassung an den Mieter oder Pächter eine Verfügung über das Grundstück darstellt. Ich glaube, man wird die Frage zu bejahen haben, auch wenn man in Miete und Pacht keine dinglichen Rechte erblickt. Denn nach §§ 577, 581 wirkt die Vermietung und Verpachtung in Verbindung mit der Besitzüberlassung nicht nur unter den Vertragschließenden, sondern auch gegen jeden Erwerber des Grundstücks. Das Gleiche dürfte bei beweglichen Sachen von der Überlassung des Besitzes unter Vereinbarung eines zum Besitz berechtigenden obligatorischen Verhältnisses nach § 986 gelten. Wer daher eine bewegliche oder unbewegliche Nachlaßsache vom Zeugniserben mietet und den Besitz eingeräumt erhält, wird gegen den wahren Erben und Eigentümer geschützt[1]).

Rechtsgeschäftlicher Erwerb vom Zeugniserben liegt regelmäßig nur dann vor, wenn das in Frage kommende Rechtsgeschäft zwischen dem Erwerber und dem Zeugniserben abgeschlossen ist. Denn nach dem System unseres

---

schäfte, durch welche unmittelbar ein Recht übertragen, belastet, geändert oder aufgehoben wird.“ Die Kündigung einer Darlehensforderung ist zweifellos eine Verfügung über dieselbe. Man kann aber kaum sagen, daß sie die Forderung ändere; die Forderung bleibt Darlehensforderung.

[1]) A. M. Planck, Anm. 2 zu § 2367.

Privatrechts ist die regelmäßige Grundlage eines rechtsgeschäftlichen Erwerbs ein Vertrag zwischen dem Veräußerer und dem Erwerber. Hieraus erklärt sich, daß § 2367 im zweiten Halbsatz von einem „zwischen" dem Zeugniserben und einem anderen vorgenommenen Rechtsgeschäft spricht; eine besondere Voraussetzung des Erwerbs nach § 2367 soll hiemit nicht eingeführt werden [1]). Soweit ausnahmsweise die einseitige rechtsgeschäftliche Verfügung des Veräußerers oder ein Vertrag desselben mit einem anderen zum Erwerbe des Dritten genügt, besteht kein Grund, die Berufung auf die Legitimationskraft des Erbscheins zu versagen. Denn der Rechtsschutz ist ja nicht etwa als eine Belohnung für den „guten Glauben" des Erwerbers gedacht (s. unten S. 94 f.). Es kommt also nicht darauf an, daß gerade er im Vertrauen auf den Erbschein gehandelt habe. Uebernimmt z. B. jemand durch Vertrag mit dem Zeugniserben eine bestehende Nachlaßschuld (§ 414), so wird der bisherige Nachlaßschuldner befreit, auch wenn der Erbschein unrichtig ist (§ 2366) [2]). Gibt der Zeugniserbe eine für ein Nachlaßgrundstück bestehende Grunddienstbarkeit durch Erklärung gegenüber dem Grundbuchamte auf oder verzichtet er in der gleichen Weise auf eine zum Nachlaß gehörige Hypothek, so ist in jenem Falle die Befreiung des dienenden Grundstücks, in diesem die des Hypothekschuldners nach § 2366 nicht abhängig von der Richtigkeit des Erbscheins. Ebenso ist zu entscheiden, wenn der Zeugniserbe der zwischen den Gläubigern zweier Hypotheken an einem Nachlaßgrundstück vereinbarten Rangänderung durch Erklärung gegenüber dem Grundbuchamte zustimmt (§ 880). Denn diese Zustimmung

---

[1]) Hiefür spricht auch die Entstehungsgeschichte; § 2077 E. I. vereinigte die jetzt in §§ 2366, 2367 enthaltenen Bestimmungen. Die Trennung in zwei Paragraphen erfolgte nur aus redaktionellen Gründen (Randohr in Gruchots Beitr. 1900 S. 351).

[2]) Strohal S. 383 f.

ist ein in Ansehung des Nachlaßgrundstückes vorgenommenes, eine Verfügung über dasselbe enthaltendes Rechtsgeschäft (§ 2367)[1]).

Die vorstehend erörterten Voraussetzungen sind den §§ 2366 und 2367 gemeinsam. Der Unterschied zwischen den beiden Paragraphen liegt nur in der Art des zu schützenden Erwerbs.

In erster Linie steht der Erwerb von Erbschaftsgegenständen (§ 2366).

Unter die „Erbschaftsgegenstände" fallen alle zum Nachlaß gehörige bewegliche und unbewegliche, körperliche und unkörperliche Gegenstände, insbesondere auch Forderungen, Urheberrechte u. s. w. Keine Erbschaftsgegenstände sind die Erbteile der Miterben; sie gehören nicht zum Nachlaß, sondern sind Quoten desselben. Die vom Gesetz zugelassene Verfügung über den Erbteil als solchen steht daher nicht unter dem Schutze der §§ 2366 f. Dagegen würde der Verkauf der Erbschaft durch den Alleinerben an sich mittelbar zum Schutze des gutgläubigen Erbschaftserwerbers führen, da das Gesetz eine Verfügung über die Erbschaft im ganzen nicht kennt und somit dem Verkauf des Ganzen die Übertragung der einzelnen Nachlaßgegenstände nachzufolgen hat. Allein § 2030 gewährt dem wahren Erben den Erbschaftsanspruch auch gegen denjenigen, der die Erbschaft von dem durch einen Erbschein legitimierten Erbschaftsbesitzer erworben hat; der Erbschaftskäufer kann also keinen Rechtserwerb auf Kosten des wahren Erben machen[2]).

Der auf die Verfügung des Zeugniserben sich stützende Erwerb eines Nachlaßgegenstandes muß ein vom Zeugniserben abgeleiteter sein. Gibt der Zeugniserbe eine zum

---

[1]) Strohal S. 388 f., vgl. auch v. Reibnitz, Der öffentliche Glaube des Erbscheins im Vergleich mit dem öffentl. Glauben des Grundbuchs (Berlin 1902) S. 43.

[2]) Strohal S. 580.

Nachlaß gehörige bewegliche Sache auf (§ 959), so erwirbt, wer die Sache in Eigenbesitz nimmt, nicht das Eigentum daran, auch wenn man Dereliktion und Okkupation als Rechtsgeschäfte betrachtet[1]).

Der Veräußerung von Nachlaßgegenständen ist gleichgestellt die Übertragung von Rechten an Nachlaßgegenständen, auch wenn dieselben erst zum Zweck der Übertragung neu geschaffen werden[2]).

Weiterhin legitimiert der Erbschein auch zu solchen rechtsgeschäftlichen Verfügungen über den Nachlaß, durch welche der andere kein Recht im eigentlichen Sinn, aber doch eine veränderte Rechtsstellung erwirbt. Auch hier greift zu Gunsten des redlichen Dritten die Wirkung des öffentlichen Glaubens ein.

Den wichtigsten Fall dieser Art enthält noch § 2366, der dem Erwerb von Nachlaßgegenständen den rechtsgeschäftlichen „Erwerb" der Befreiung von einem zur Erbschaft gehörenden Rechte anreiht.

Unter den Begriff der Befreiung von einem zur Erbschaft gehörenden Rechte fallen z. B. die Aufgabe einer zum Nachlaß gehörenden Grunddienstbarkeit oder eines solchen Vorkaufsrechts oder einer Reallastberechtigung

---

[1]) Krafft S. 274 f. — Hellwig, Rechtskraft S. 272, nimmt in dem im Text behandelten Falle abgeleiteten Erwerb an, weil die Wirksamkeit der Okkupation davon abhängig ist, daß die Sache durch wirksame Dereliktion herrenlos geworden ist. Allein abgeleiteter Erwerb liegt nicht schon dann vor, wenn das Recht des früher Berechtigten condicio sine qua non des Erwerbs ist, sondern nur dann, wenn Rechtsverlust des Einen und Rechtserwerb des Anderen unmittelbar zusammenhängen und gewissermaßen nur zwei Seiten desselben Vorgangs darstellen. Wer sich eine vom Zeugniserben aufgegebene Nachlaßsache aneignet, erwirbt sie nicht „von" jenem (§ 2366).

[2]) Rehs S. 48 zählt auch die Reallasten des öffentl. Rechts, wie Kirchenbaulasten u. s. w., auf. Auf diese ist das B.G.B. nicht anwendbar.

(§ 875), der Verzicht auf eine Hypothek (§ 1168), auf ein Pfandrecht (§ 1255), der Erlaß einer Nachlaßschuld (§ 397)[1]). Bei all diesen Rechtsgeschäften ist, wie oben schon bemerkt wurde, der andere Teil auch dann durch den öffentlichen Glauben geschützt, wenn das Befreiungsgeschäft nicht zwischen dem Scheinerben und dem zu Befreienden vorgenommen worden ist (§ 2366).

Die weiteren, in § 2367 behandelten, Fälle des geschützten Erwerbs einer Rechtsstellung fallen unter den gemeinsamen Gesichtspunkt der Aufrechterhaltung eines gegenüber dem Zeugniserben, sei es unter seiner Mitwirkung, sei es ohne dieselbe, vorgenommenen Rechtsgeschäftes. Auch hier wie überall kommen nur solche Rechtsgeschäfte in Betracht, welche den Bestand des Nachlaßvermögens unmittelbar berühren.

Das Gesetz hebt die Bewirkung einer Leistung an den Zeugniserben auf Grund eines zur Erbschaft gehörenden Rechtes hervor. Hieher gehört insbesondere die Zahlung einer Nachlaßschuld an den Zeugniserben; sie sichert dem Leistenden diejenige Rechtsstellung, die ihm zukäme, wenn er an den wahren Erben geleistet hätte. Leistet also z. B. der Bürge, so geht die Forderung auf ihn über[2]).

Endlich enthält § 2367 eine clausula generalis, welche alle Fälle umfaßt, in denen ein Rechtsgeschäft eine Verfügung über Nachlaßgegenstände enthält und hiedurch dem anderen Teil eine veränderte Rechtsstellung gewährt.

Solche Rechtsgeschäfte sind z. B. die Stundung einer Erbschaftsforderung, die Rangabtretung zum Nachteil eines zur Erbschaft gehörigen Rechtes, die Aufrechnung gegen eine Nachlaßforderung, die Hinterlegung im Falle des § 378, der

---

[1]) Strohal S. 383.

[2]) S. oben S. 86 Anm. 2 und Strohal S. 386.

Vergleich über ein zur Erbschaft gehörendes Recht, die Besitzüberlassung in den oben S. 89 besprochenen Fällen. Es gehören ferner hieher die Mahnung, die Kündigung, die Mängelanzeige und ähnliche einseitige Rechtsgeschäfte. Denn auch sie enthalten Verfügungen über zum Nachlaß gehörende Rechte[1]).

In allen Fällen tritt der in den §§ 2366 u. 2367 gewährte Schutz nur ein zu Gunsten eines gutgläubigen Erwerbers. Wer arglistig handelt, der verdient die Fürsorge des Gesetzes nicht. Allein nach einem überall anerkannten Grundsatze muß die Redlichkeit eines Jeden solange vermutet werden als nicht das Gegenteil feststeht. Wer sich also auf die sog. Vorschriften zum Schutze des guten Glaubens beruft, braucht seinen guten Glauben nicht nachzuweisen, vielmehr hätte der Gegner den — meist recht schwierigen — Beweis der Bösgläubigkeit zu erbringen.

So wenig der gute Glaube formell zum rechtserzeugenden Thatbestande gehört, ebenso wenig bildet er den inneren Grund jener Schutzvorschrift[2]). Diese haben ihre Quelle nicht in der Billigkeitserwägung, daß der Erwerber nicht schuldlos in Schaden kommen möge. Dem Mitleide mit dem gutgläubigen Erwerber stände die Rücksicht darauf entgegen, daß der Rechtsverlust, den der seither Berechtigte erleiden muß, ein ebenso unverschuldeter ist; würde das Gesetz die Interessen der Einzelnen, das des Erwerbers und das des seither Berechtigten, gegen-

---

[1]) Strohal S. 389 f., Krafft S. 291 f., Enneccerus-Lehmann Bd. II S. 872 Anm. 2.

[2]) Ramdohr a. a. O. S. 121: „Der Vorgang ist jedesmal der, daß ein anderweit gerechtfertigter und deshalb vom Gesetz gewährter Schutz oder Vorteil jedesmal dann versagt, wenn der zu Schützende infolge der im schlechten Glauben liegenden zersetzenden Bestandteile, nämlich der culpa und des dolus, jener Hilfe unwürdig wurde."

einander abwägen, so wäre nicht einzusehen, warum jenem das größere Gewicht zukommen sollte. In Wahrheit ist es das Interesse der Gesamtheit, das geschützt werden soll. Bezweckt wird eine Erleichterung des wirtschaftlichen Verkehrs. Indem das Gesetz gewisse Beglaubigungsmittel teils anerkennt, teils neu ins Leben ruft, und bestimmt, daß wer auf solche Legitimation vertraut, auch in den Ausnahmsfällen, in denen sie trügen mag, geschützt sein soll, wird auch der Vorsichtigste in die Lage gesetzt, das Wahrscheinliche für gewiß zu nehmen. Je komplizierter das Wirtschaftsleben sich gestaltet, je mehr der Verkehr sich ausdehnt und der mögliche rasche Umschwung der Verhältnisse schnelles Handeln erfordert, umsoweniger lassen sich die maßgebenden Rechtsverhältnisse jedesmal durch genaue sachliche Prüfung feststellen. In immer größerem Maße muß die Prüfung der formellen Legitimation die Erforschung der wirklichen Rechtslage vertreten. Darum bevorzugt die moderne Rechtsbildung in so umfassender Weise die Sicherheit des Rechtserwerbes vor dem Bestand der erworbenen Rechte. Dabei wird entweder unmittelbar an die Anschauung des Verkehrs angeknüpft, der aus gewissen äußeren Thatbeständen auf die regelmäßig zu Grunde liegenden Rechtsverhältnisse zu schließen pflegt, wie z. B. aus dem Besitz auf das Eigentum oder aus der Anstellung in einem Laden auf die Ermächtigung zum Verkauf (§ 56 H.G.B.); oder das Gesetz führt selbst eigene Formen der Legitimation ein, und hiezu ist das spezifische Mittel die öffentliche Beurkundung. Hieher gehören die öffentlichen Bücher und Register sowie der Erbschein. In allen diesen Fällen ist nicht der Schutz des Einzelnen, der einer unrichtigen Legitimation der besprochenen Art vertraute, der eigentliche Zweck des Gesetzes; dieser Schutz bildet vielmehr das Mittel, um dem allgemeinen Verkehr volle Gewähr für die Verläßlichkeit jener Beglaubigungsformen zu bieten.

Dementsprechend sieht das Gesetz ganz davon ab, ob im konkreten Falle der Erwerber gerade im Vertrauen auf die Beurkundung gehandelt hat; es braucht keinerlei derartiger Kausalzusammenhang vorzuliegen. Der Erbschaftsschuldner, welcher rechtskräftig verurteilt ist, an den Zeugniserben zu leisten, zahlt nicht infolge seines Vertrauens auf den Erbschein: er muß ja zahlen, wenn er die Vollstreckung vermeiden will; dennoch trifft auch auf ihn die Regel des § 2367 zu[1]). Gleichgültig ist es auch in allen Fällen, ob der Erwerber sich den Erbschein vorlegen ließ oder nicht; er ist auch dann geschützt, wenn er von der Existenz eines Erbscheins gar nichts wußte[2]).

Bösgläubig ist der Erwerber, wenn er weiß, daß der Erbschein unrichtig ist.

Grobverlässiges Nichtwissen steht dem Wissen für die Regel nicht gleich. Denn wie im Grundbuchrechte wird davon ausgegangen, daß die gerichtliche Beurkundung jede Erkundigung überflüssig mache. Nur wenn der Erwerber weiß, daß das Nachlaßgericht die Rückgabe des Erbscheins wegen Unrichtigkeit verlangt hat, ist sein guter Glaube ebenso ausgeschlossen, wie wenn er die Unrichtigkeit des Erbscheins kennen würde. Dagegen hat das Wissen von Thatsachen, aus denen möglicherweise ein Schluß auf die Unrichtigkeit des Erbscheins zu ziehen ist, noch nicht den Wegfall des guten Glaubens zur Folge; weiß z. B. der Dritte, daß das Testament, auf Grund dessen der Erbschein erteilt wurde, nichtig ist, so ist er darum noch nicht bösgläubig, da möglicherweise der im Testament eingesetzte Erbe zugleich Intestaterbe sein kann[3]).

---

[1]) Krafft S. 291 will für diesen Fall eine Ausnahme machen; hiefür besteht kein Grund.

[2]) Mot. Bd. V S. 569f.

[3]) Daß die **culpa lata** nicht auch hier dem **dolus** gleichgestellt wurde, ist m. E. zu bedauern. Die Gerichte werden hiedurch genötigt

Ist zum Erwerb eine Rechtshandlung des Erwerbers erforderlich, so darf der Erwerber bei Vornahme der Handlung nicht bösgläubig sein. Sein guter Glaube muß aber auch immer andauern, bis der Rechtserwerb zur vollendeten Thatsache geworden ist[1]). Der Ausnahmebestimmung des § 892 Abs. 2, wonach für den Erwerb kraft Grundbuchrechtes es genügt, wenn der gute Glaube zur Zeit der Stellung des Antrages auf Eintragung, nicht auch noch zur Zeit der Eintragung, vorhanden ist, entspricht keine Vorschrift des Erbscheinsrechtes, daß nach Abschluß der Erwerbsthätigkeit, aber vor Vollendung des Erwerbs eintretender böser Glaube nicht schade[2]).

Ausschließlich der Zeitpunkt des vollendeten Erwerbs ist für den guten Glauben des Erwerbers maßgebend, wenn der Erwerb sich ohne Rechtshandlung des Erwerbers vollzieht. In diesen Fällen muß aber derjenige, der das Rechtsgeschäft mit dem Zeugniserben abschließt, bei Vornahme des Geschäftes in gutem Glauben sein. Übernimmt also ein Dritter eine Nachlaßschuld gemäß § 414 durch Vertrag mit dem Zeugniserben, so wird der bisherige Schuldner nur befreit, wenn sowohl er als der Dritte gutgläubig sind. Dies ergibt sich aus der Erwägung, daß, wer durch eigene Rechtshandlung einen Erwerb vom Zeugniserben macht, bei Vornahme der Handlung und bei Vollendung des Erwerbs gutgläubig sein muß.

Entsprechendes gilt, wenn das gegenüber dem Zeugniserben vorgenommene Rechtsgeschäft durch einen Vertreter des Erwerbers bewirkt wird. § 166 Abs. 1 kann auf diesen Fall nicht unmittelbar angewandt werden, da nicht die Kenntnis der Unrichtigkeit des Erbscheins bei Abgabe

---

werden, im Wege der freien Beweiswürdigung oftmals dolus als festgestellt anzusehen, wenn streng genommen nur grobe Fahrlässigkeit erwiesen ist.

[1]) Vgl. Krafft S. 290.

[2]) Vgl. Prot. III S. 80 ff.

der Willenserklärung ausschließlich maßgebend ist, vielmehr auch die Kenntnis bei Vollendung des Rechtserwerbs in Betracht kommt. Es darf daher weder der Vertreter bei Vornahme des Rechtsgeschäfts, noch der Vertretene bei Vollendung des Erwerbs bösgläubig sein[1]).

Die praktische Bedeutung der Vorschriften über den öffentlichen Glauben des Erbscheins erhellt aus einer Vergleichung mit den übrigen gesetzlichen Vorschriften, welche einen Rechtserwerb vom Nichtberechtigten ermöglichen; denn soweit letztere Bestimmungen im einzelnen Falle eingreifen, ist die Berufung auf den öffentlichen Glauben des Erbscheins überflüssig.

Bei Verfügungen des Zeugniserben über zum Nachlaß gehörende Grundstücke oder Rechte an solchen kommt neben dem öffentlichen Glauben des Erbscheins der des Grundbuchs in Frage. Immerhin kann es vorkommen, daß die Berufung auf den Erbschein zum Ziele führt, während der Schutz des Grundbuchrechtes versagt. Hieher gehören zunächst die Fälle, in denen der Erbe über Grundbuchrechte verfügen kann, ohne zuvor im Grundbuche als Berechtigter eingetragen worden zu sein (§ 41 G.B.O.). Ferner kommen die Bestimmungen des Hypothekenrechts in Betracht, welche eine Übertragung der Hypothek außerhalb des Grundbuches ermöglichen (§§ 1154 f.). Tritt der Zeugniserbe eine zum Nachlaß gehörende, auf ihn aber noch nicht umgeschriebene Briefhypothek durch schriftliche Erklärung gemäß § 1154 einem Anderen ab, so greift, wenn die Abtretungserklärung nicht in öffentlich beglaubigter Form erfolgt, nicht der Schutz der §§ 1155, 892, sondern ausschließlich der des Erbscheinsrechtes Platz[2]). Endlich braucht, wem der Inhalt des Erbscheins zu statten kommt, einen ungünstigeren Inhalt des Grundbuchs nicht gegen sich gelten zu lassen

---

[1]) Hölder Anm. 5 zu § 166 B.G.B.; vgl. auch Krafft S. 291.

[2]) Strohal S. 380; vgl. auch Hellwig, Rechtskraft S. 461ff.

(und umgekehrt). Ist z. B. im Grundbuch ein auf Bestreitung des Erbrechtes beruhender Widerspruch gegen das Eigentum des Zeugniserben eingetragen, so ist, wer das Grundstück von dem Zeugniserben redlich erwirbt, zwar nicht durch das Grundbuch, wohl aber durch den Erbschein geschützt[1]).

Was das Fahrnisrecht betrifft, so ist zunächst zu bemerken, daß der Besitz nicht generell zu jeder Art von Verfügungen über die Sache legitimiert, sondern nur zur Eigentumsübertragung, sowie zur Bestellung eines Pfandrechtes oder Nießbrauchs (§§ 932 ff., 1207 f., 1032). In dem schon oben berührten, sehr wichtigen Fall der Besitzüberlassung nach vorausgegangener Einräumung eines obligatorischen Rechts zum Besitz (§ 986) kann der neue Besitzer nur durch den öffentlichen Glauben des Erbscheins Schutz genießen.

Auch wo Erwerb des Eigentums oder eines dinglichen Rechts an Fahrnis in Frage kommt, ist der öffentliche Glaube des Erbscheins von Bedeutung. Denn auf die legitimierende Wirkung des Besitzes seines Rechtsvorgängers kann sich der Erwerber schon dann nicht berufen, wenn er infolge grober Fahrlässigkeit den Mangel des Eigentums nicht kannte. Ist dagegen dem bisherigen Besitzer einer Nachlaßsache ein Erbschein erteilt, so entfällt jede Pflicht zur

[1]) A. M. Strohal S. 380 Anm. 12, Planck Anm. 6 zu § 2366. Allein das Gesetz kennt keine Verpflichtung, das Grundbuch einzusehen. Der Widerspruch schließt nur den öffentlichen Glauben des Grundbuchs aus; vollzieht sich der Rechtserwerb unabhängig vom öffentlichen Glauben des Grundbuchs, so ist der Widerspruch ohne Bedeutung. Ebenso schadet es demjenigen, der schon kraft Grundbuchrechtes geschützt ist, nicht, wenn er weiß, daß das Nachlaßgericht den Erbschein als unrichtig zurückverlangt hat. Denn er wäre ja auch geschützt, wenn gar kein Erbschein erteilt oder der erteilte schon eingezogen wäre; die Kenntnis der versuchten Einziehung schließt zwar seinen guten Glauben in Ansehung des Erbscheins, nicht aber hinsichtlich des Grundbuchs aus. Hier ebenso Planck Anm. 6 zu § 2366.

Sorgfalt beim Erwerb; auch der grobfahrlässige Erwerber wird geschützt und nur dem arglistigen der Schutz versagt.

In Betracht kommt ferner, daß der gutgläubige Erwerb vom Besitzer nach § 935 schutzlos bleibt, wenn die Sache dem Eigentümer gestohlen worden, verloren gegangen oder sonst abhanden gekommen war. Wer daher z. B. von einem Erbschaftsbesitzer, dem ein Erbschein nicht erteilt ist, eine zum Nachlaß gehörende bewegliche Sache sich übereignen läßt, wird nicht Eigentümer derselben, da der Besitz der Sache mit dem Erbfall ipso jure auf den Erben übergegangen war (§ 857) und durch die Besitzergreifung seitens des Erbschaftsbesitzers dem wahren Erben abhanden gekommen ist[1]).

Endlich braucht der Zeugniserbe, um über eine bewegliche Nachlaßsache wirksam verfügen zu können, nicht deren Besitzer zu sein, und es ist auch nicht erforderlich, daß der Erwerber später den Besitz der Sache erlangt (vgl. dagegen §§ 932—934). Denn der Zeugniserbe gilt ja als Erbe und somit als Eigentümer der zum Nachlasse gehörenden Sachen.

Die größte praktische Bedeutung hat der öffentliche Glaube des Erbscheins für die Verfügung über solche Nachlaßgegenstände, bezüglich deren keine anderweiten Vorschriften zum Schutze des Erwerbs vom Nichtberechtigten konkurrieren. Hieher gehören insbesondere alle Verfügungen über Immaterialgüterrechte und Forderungen. In letzterer Hinsicht ist namentlich wichtig der Schutz des Erbschaftsschuldners, welcher an den Zeugniserben leistet, und die Wirksamkeit der gegenüber dem Zeugniserben vorgenommenen einseitigen Rechtsgeschäfte.

Nach den oben in § 3 besprochenen Zuständigkeitsvorschriften ist es nicht ausgeschlossen, daß mehrere Nachlaßgerichte Erbscheine verschiedenen Inhaltes aus-

[1]) Strohal S. 380 Anm. 13.

stellen (vgl. §§ 73, 7 R.F.G. und § 7 B.G.B.). Auch kann ein und dasselbe Nachlaßgericht, wenn der von ihm erteilte Erbschein als unrichtig erkannt wird, die Einziehung oder Kraftloserklärung aber noch nicht bewirkt ist, dem nunmehr für erbberechtigt Erachteten einen neuen Erbschein erteilen. Hier kann sich der redliche Erwerber auf den ihm günstigeren Erbschein berufen; denn jeder der Erbscheine legitimiert die darin als Erben bezeichnete Person[1]). Veräußert zuerst der Zeugniserbe A eine Nachlaßsache an X und sodann der Zeugniserbe B denselben Gegenstand an Y, so wird X Eigentümer der Sache, da sie mit der wirksamen Veräußerung an ihn aus dem Nachlaß ausgeschieden ist und B somit nicht über einen Nachlaßgegenstand verfügt hat. Die Vermutung für die Richtigkeit des Erbscheins kann dagegen durch Beibringung eines entgegenstehenden entkräftet werden[2]).

---

[1]) Krafft S. 293; a. M. Planck Anm. V 3 zu § 2366.

[2]) Krafft S. 293 f., Rehs S. 66 ff. — v. Reibnitz a. a. O. S. 77 ff. Die entsprechende Lage tritt im Grundbuchrechte dann ein, wenn ein Grundstück versehentlich mehrere Grundbuchblätter erhalten hat und diese widersprechende Eintragungen aufweisen. In der bisherigen Litteratur und Rechtssprechung wurden die sich hiebei ergebenden Fragen in verschiedenem Sinne gelöst; insbesondere kamen auch die partikularrechtlichen Verschiedenheiten des Grundbuchrechtes in Betracht. Nach dem neuen Reichsrechte dürfte die (auf preuß. Rechtsanschauung beruhende) Entscheidung des R.G. vom 27. II. 84 (Entsch. Bd. XI S. 275 ff.), daß nur die Gesamtheit aller Eintragungen im Grundbuche maßgebend sei und daher widersprechende Eintragungen sich aufheben, doch gegenüber der Bestimmung des § 3 G.B.O. kaum aufrecht zu erhalten sein (vgl. allerdings Dernburg, Bürg. Recht Bd. III S. 134, Planck Anm. I 4 zu § 892 B.G.B.). Es wird auch im Grundbuchrechte von der Selbständigkeit des einzelnen Grundbuchblattes grundsätzlich auszugehen sein, ebenso wie im Erbscheinsrecht von der Selbständigkeit der mehreren Erbscheine. Immerhin wäre für das Grundbuch unter Umständen die Thatsache in Erwägung zu ziehen, daß die verschiedenen Grundbuchblätter durch ein gemeinsames Register

Schon im vorhergehenden Abschnitt ist bemerkt worden, daß die Wirksamkeit des Erbscheins mit seiner Erteilung beginnt. Es ist noch darauf hinzuweisen, daß die Wirksamkeit endigt mit der Einziehung oder Kraftloserklärung des Erbscheins. Nur wenn eine Nacherbfolge angeordnet und im Erbschein bezeugt ist, findet die Wirksamkeit des dem Vorerben erteilten Erbscheins ipso jure ihr Ende. Ein in der zweiten Kommission gestellter Antrag, den öffentlichen Glauben des Erbscheins auch auf die Fortdauer der Rechtsstellung des Vorerben zu erstrecken, ist abgelehnt worden (Prot. Bd. V S. 683 f.).

§ 7.

Unrichtigkeit, Einziehung, Kraftloserklärung.

Der Erbschein ist unrichtig, wenn er über die Rechtsverhältnisse, welche zu bezeugen er bestimmt ist, Unzutreffendes aussagt oder über bestehende Rechtsverhältnisse, welche angegeben werden müssen, schweigt. Unrichtig ist also z. B. ein Erbschein, wenn er als Erben eine Person bezeichnet, der in Wahrheit ein Erbrecht nicht zusteht, oder wenn er eine rechtswirksam angeordnete Nacherbfolge verschweigt.

Dagegen wird der Erbschein dadurch, daß eine in ihm enthaltene rein thatsächliche Angabe der Wirklichkeit nicht entspricht, keineswegs unrichtig. Denn solche thatsächliche Angaben entbehren der Rechtswirkung.

Von der Unrichtigkeit des Erbscheins ist die Aufnahme gesetzlich unzulässiger Angaben zu unterscheiden. Bezeugt z. B. der Erbschein, daß ein bestimmtes Grundstück zum Nachlaß gehöre, so wird hiedurch keine Vermutung für die Richtigkeit dieser Angabe begründet und daher wird der Erbschein durch eine solche unzulässige An-

vereinigt werden, welches die Auffindung des jeweils einzusehenden Grundbuchblattes ermöglicht, und es ließe sich hieraus vielleicht der Schluß ziehen, daß dem im Register gehörigen Orts bezeichneten Grundbuchblatte der Vorzug vor dem nicht registrierten zu geben sei.

gabe auch nicht unrichtig und kann nicht für kraftlos erklärt werden. Immerhin aber wird man das Nachlaßgericht für befugt halten dürfen, zwecks Verbesserung des Erbscheins denselben einzufordern (vgl. § 54 Satz 2 G.B.O.). Diese Zurückforderung ist aber nicht Zurückforderung wegen Unrichtigkeit. Ihre Kenntnis macht nicht bösgläubig (§ 2366).

Die Unrichtigkeit des Erbscheins bildet eine große Gefahr für den wahren Berechtigten. Das Gesetz sieht daher besondere Mittel vor, einen unrichtigen Erbschein zu beseitigen. Außerdem legt es dem Nachlaßgerichte die Pflicht auf, auch nach Erteilung des Erbscheins von Amtswegen Ermittelungen über die Richtigkeit desselben zu pflegen, sobald sich nachträglich Bedenken zeigen[1]). Die abermaligen Ermittelungen des Nachlaßgerichts können aber auch angeregt werden durch einen Antrag auf Einziehung des Erbscheins. Zur Stellung dieses Antrags, welcher an die Stelle der wegen des öffentlichen Glaubens des Erbscheins nicht statthaften Beschwerde gegen die Erteilung tritt, ist jeder befugt, dessen Recht durch die Erteilung des Erbscheins gefährdet wird (§ 20 R.F.G., vgl. Beschluß des Bayer. Oberst. L.G. in Entsch. R.J.A. III S. 8 ff.).

Ergibt sich, daß der Erbschein ganz oder teilweise unrichtig ist, so ist er einzuziehen. Es bedarf indessen hiezu keiner vollen Gewißheit der Unrichtigkeit. Es genügt, wenn das Ergebnis der früheren Ermittelungen, welche zur Erteilung des Erbscheins geführt haben, endgültig als ungenügend sich erwiesen hat[2]).

Auch bei unverändertem Thatbestand kann der Erbschein auf Grund rechtlicher Erwägungen als unrichtig eingezogen werden[3]).

---

[1]) In diesem Sinne ist m. E. § 2361 Abs. 3 aufzufassen.

[2]) O.L.G. Jena in Entsch. R.J.A. II S. 66 („Recht" 1901 S. 176).

[3]) L.G. Köln im Centralbl. f. F.G. 1901 S. 173; K.G. in Rspr. d. O.L.G. III S. 259.

Die Einziehung bezw. Kraftloserklärung ersetzt das bei Verfügungen in Angelegenheiten der freiwilligen Gerichtsbarkeit dem Gericht sonst zustehende Abänderungsrecht (§ 18 R.F.G.)[1]).

Man wird daher die Befugnis zur Einziehung und Kraftloserklärung nur demjenigen Gerichte zubilligen können, welches den Erbschein erteilt hat[2]).

Die Einziehung erfolgt auf Grund eines die Rückgabe des Erbscheins wegen Unrichtigkeit verlangenden Beschlusses des Nachlaßgerichts. Kommt der Besitzer des Erbscheins dem Beschlusse freiwillig nach, so ist mit der Rückgabe des Erbscheins an das Nachlaßgericht die Einziehung vollendet. Andernfalls bedarf es der Vollstreckung des Beschlusses, welche gemäß § 200 R.F.G. sich nach Landesrecht richtet[3]). Erst wenn infolge der Vollstreckung des Beschlusses der Erbschein in den Besitz des Gerichts zurückgelangt, wird er kraftlos. Sind mehrere Ausfertigungen erteilt, so sind sie alle einzuziehen, und die Einziehung ist erst beendet, wenn alle an das Nachlaßgericht zurückgelangt sind. Dagegen bedarf es nicht der Einziehung bloßer beglaubigter Abschriften; denn diese stehen nicht dem Originale gleich; wer sich mit der Vorlage einer beglaubigten Abschrift begnügt, muß mit der Möglichkeit rechnen, daß das Original durch Einziehung kraftlos geworden ist[4]).

Kann der Erbschein nicht auf dem Wege der Einziehung sofort erlangt werden, so hat ihn das Nachlaß-

---

[1]) Die Unabänderlichkeit des Erbscheins ergibt sich daraus, daß er keine Verfügung (§ 18 R.F.G.), sondern ein Zeugnis ist. Dieses kann das Nachlaßgericht, nachdem es dasselbe in den Verkehr gesetzt hat, nicht durch einfache Verfügung wirkungslos machen, vielmehr muß das Zeugnis wieder aus dem Verkehr gezogen werden.

[2]) Krafft S. 289 f., Planck Anm. 1 zu § 2361; a. M. Weißler S. 230.

[3]) Vgl. z. B. Art. 15—17 preuß. F.G., Art. 130 Bayer. A.G. z. B.G.B. nebst § 46 Bek. v. 31. XII. 99, das Nachlaßwesen betr.

[4]) Vgl. Neumann, Handkommentar, zu § 2361.

gericht für kraftlos zu erklären. Daß ein fruchtloser Versuch der Einziehung diesem Beschlusse vorausgegangen sein müsse, kann nicht verlangt werden; es genügt, wenn das Nachlaßgericht voraussieht, daß die alsbaldige Rückerlangung durch Einziehung nicht zu erreichen sein werde. Der Beschluß der Kraftloserklärung ist nach den Vorschriften der C.P.O. über die öffentliche Zustellung einer Ladung bekannt zu machen (C.P.O. § 204 Abs. 2 u. 3, § 205). Selbstverständlich können diese Vorschriften nur entsprechend angewandt werden; an die Stelle der in § 205 vorgeschriebenen Bezeichnung des Prozeßgerichts, des Gegenstandes des Prozesses u. s. w. hat die Angabe des Nachlaßgerichts und die deutliche Bezeichnung des Erbscheins zu treten. Mit dem Ablauf eines Monats nach der letzten Einrückung des Beschlusses in die öffentlichen Blätter wird die Kraftloserklärung wirksam (§ 2361).

Mit dieser Regelung der Kraftloserklärung wäre es unverträglich, wenn der Beschluß nach seiner Veröffentlichung der Aufhebung durch das Beschwerdegericht unterliegen würde[1]). § 64 R.F.G. bestimmt daher, daß gegen den Beschluß, durch den der Erbschein für kraftlos erklärt wird, Beschwerde nicht stattfindet. Will der Zeugniserbe sich mit dem Beschluß nicht zufrieden geben, so muß er abermals Erteilung eines Erbscheins beantragen. Die erfolgte Kraftloserklärung steht natürlich, wenn das Nachlaßgericht sich demnächst dennoch von der Richtigkeit des für kraftlos erklärten Erbscheins überzeugt, der Erteilung eines neuen Erbscheins mit gleichem Inhalte nicht entgegen.

Gegen den Beschluß, welcher die Einziehung eines Erbscheins anordnet, ist die Beschwerde nach der allgemeinen Regel des § 19 R.F.G. zulässig; die Ausnahmevorschrift des § 84 R.F.G. darf nicht auf den Einziehungsbeschluß erstreckt werden, da sie mit den Besonderheiten der Kraft-

---

[1]) Denkschrift z. R.F.G. bei Hahn-Mugdan S. 57.

loserklärung zusammenhängt[1]). Die erfolgreiche Beschwerde zieht die Rückgabe des eingezogenen Erbscheins nach sich, kann aber nicht die Thatsache aus der Welt schaffen, daß in der Zwischenzeit zwischen Einziehung und Rückgabe ein Erbschein nicht existierte. Die Wirksamkeit von Verfügungen, welche in der Zwischenzeit vorgenommen werden, hängt also davon ab, ob der Verfügende thatsächlich der Erbe ist.

Die Einziehung und Kraftloserklärung hängt vom Ermessen des Nachlaßgerichtes ab. Bei der großen Gefahr, welche die Existenz eines unrichtigen Erbscheins für die Rechte des wahren Erben mit sich bringt, hat das Gesetz dem Erben außer der Befugnis, die Einziehung bezw. Kraftloserklärung beim Nachlaßgericht zu beantragen, noch einen besonderen, im Weg des Civilprozesses zu verfolgenden Anspruch zur Verfügung gestellt. Der Erbe kann nämlich von jedem Besitzer des unrichtigen Erbscheins, mag dieser der Zeugniserbe oder ein Dritter sein, die Herausgabe des Scheines an das Nachlaßgericht verlangen. Diesen Anspruch hat auch der Nacherbe schon vor Eintritt des Falles der Nacherbfolge (§§ 2362 Abs. 1, 2363 Abs. 2).

Außerdem bestimmt § 2362 Abs. 2, daß derjenige, welchem ein unrichtiger Erbschein erteilt worden ist, dem wahren Erben über den Bestand der Erbschaft und über den Verbleib der Erbschaftsgegenstände Auskunft zu erteilen hat. Der Zeugniserbe muß daher unter den Voraussetzungen des § 260 B.G.B. auch den Offenbarungseid leisten. Der Erbschein hat eben dem Zeugniserben eine so umfassende Verfügungsmacht in Ansehung des Nachlasses in die Hand gegeben, daß er sich darüber ausweisen muß, seine Stellung nicht mißbraucht zu haben[2]).

---

[1]) O.L.G. Jena in Entsch. R.J.A. II S. 63 ff.

[2]) Die Auskunftspflicht des Erbschaftsbesitzers nach § 2027 beruht auf demselben Gedanken, wie die des Zeugniserben. Doch ist es nicht ganz richtig, wenn R. Leonhard, Erbschaftsbesitz S. 118 f., in der Aus-

§ 8.

Der Erbschein in der Übergangszeit.

Das Erbscheinsrecht hängt mit dem materiellen Erbrechte zusammen; insbesondere ist letzteres für den Inhalt des Erbscheins maßgebend. Aus diesem Grunde will der Gesetzgeber, wie auf dem ganzen Gebiete der freiwilligen Gerichtsbarkeit so auch hier, die Verfahrensvorschriften erst gleichzeitig mit dem neuen materiellen Recht zur Anwendung gelangen lassen [1]. Diese Absicht des Gesetzes geht klar und deutlich aus Art. 213 E.G. z. B.G.B. in Verbindung mit § 189 R.F.G. hervor. Es geht nicht an, zu sagen: die Vorschriften über den Erbschein können einerseits nicht unter Art. 213 E.G. z. B.G.B. fallen, da sich das E.G. z. B.G.B. nur auf das materielle Recht bezieht, und andererseits nicht unter § 189 R.F.G., weil das Erbscheinsverfahren nicht im R.F.G. geregelt sei [2]. Soweit ausnahmsweise Ver-

---

kunftspflicht des Zeugniserben nur einen „besonderen Fall“ der Auskunftspflicht des Erbschaftsbesitzers erblickt. Denn der Zeugniserbe braucht nicht notwendig Erbschaftsbesitzer zu sein, und seine Auskunftspflicht ist nicht davon abhängig, daß er etwas aus der Erbschaft erlangt hat; sie dient vielmehr dazu, festzustellen, ob er etwas daraus erlangt hat.

[1] Börner in der D.J.Ztg. 1902 S. 75 macht hiegegen geltend, daß der Zusammenhang zwischen dem materiellen Recht und dem Erbscheinsverfahren kein unlöslicher sein könne, da ja das preuß. Gesetz vom 12. III. 69 auf die verschiedensten Erbrechte dasselbe Erblegitimationsverfahren angewandt habe. Diese Bemerkung ist richtig. Allein wenn der Gesetzgeber den unleugbar vorhandenen Zusammenhang zwischen materiellem und formellem Recht vielleicht überschätzt hat, so folgt daraus nur, daß er den Verfahrensvorschriften allgemein sofortige Geltung hätte zuschreiben können, nicht aber, daß er dies in der That gewollt hat.

[2] Die Ausführung im Text richtet sich gegen den Aufsatz von Kadgien im „Recht“ 1900 S. 434.

fahrensvorschriften im B.G.B. geregelt sind, müssen auch für sie im Zweifel die Übergangsbestimmungen des Einführungsgesetzes zum B.G.B. gelten. Unter den Begriff „erbrechtliche Verhältnisse" (Art. 213 E.G. z. B.G.B.) fallen alle im Erbrecht des B.G.B. geregelten Rechtsverhältnisse, auch die Verfahrensvorschriften über den Erbschein. In diesem Sinne haben auch sämtliche bekannt gewordenen gerichtlichen Entscheidungen sich ausgesprochen[1]).

Dieser Auffassung steht auch § 36 G.B.O. nicht entgegen. Es ist vielmehr selbstverständlich, daß das Grundbuchamt die Vorlage eines Erbscheins nur dann verlangen kann, wenn eine nach neuem Rechte zu beurteilende Erbfolge nachzuweisen ist.

Eine Ausnahme ist auch nicht zu machen bezüglich der Zuständigkeit des Nachlaßgerichtes zur Erteilung des Erbscheins[2]). Allerdings ist die Zuständigkeit nicht im B.G.B., sondern in den §§ 72f. R.F.G. geregelt. Aber § 189 R.F.G. führt zu demselben Ergebnisse.

Unrichtig ist auch die Entscheidung des L.G. Bromberg (Jur. W.Schr. 1900 S. 354), wonach auf Grund des § 792 C.P.O. der Gläubiger auch dann einen Erbschein verlangen könne, wenn der Erblasser vor dem 1. Januar 1900 gestorben sei. Zuzugeben ist, daß § 792 C.P.O. eine Prozeßvorschrift enthält, auf deren Inkrafttreten das E.G. z. B.G.B.

---

[1]) Insbesondere K.G. in Johow Bd. XX S. 158 und Rspr. d. O.L.G. III S. 112; L.G. Jena im Centralbl. f. F.G. 1900 S. 131; L.G. Neu-Ruppin im „Recht" 1900 S. 128; L.G. Magdeburg im Centralbl. f. F.G. 1900 S. 241ff. — Ebenso auch Planck Vorbem. 5 vor § 2353 und die Aufsätze von Du Chesne in Gruchots Beiträgen 1901 S. 49ff. und von Laue in der D. J.Ztg. 1901 S. 235. A. M. Börner und Kadgien (vgl. oben S. 107).

[2]) Eine derartige Ausnahme verteidigt Weißler in der Zeitschr. d. Deutschen Notarvereins 1901 S. 428f. im Anschluß an eine in der Mecklenburg. Zeitschr. f. Rechtspfl. 1900 S. 63 abgedruckte (mir nicht bekannte) Entscheidung des L.G. Güstrow.

keinen Einfluß hat. Aber dem Gläubiger wird in § 792 C.P.O. nur die Befugnis eingeräumt, das Antragsrecht des Schuldners auszuüben (s. oben § 4). Besteht ein Antragsrecht des Schuldners überhaupt nicht, so ist auch kein Raum für die Anwendung des § 792 C.P.O.

Kgl. Hof- u. Univ.-Buchdruckerei von Fr. Junge (Junge & Sohn) Erlangen

Kolibri 360 GmbH
Ferdinand-Jühlke-Straße 7
99095 Erfurt, Deutschland
produktsicherheit@kolibri360.de